Wolfgang Röhl

Sie haben Mose und die Propheten - die sollen sie hören

Wolfgang Röhl

Sie haben Mose und die Propheten - die sollen sie hören

Predigten zu Mose und den Propheten

Fromm Verlag

Impressum / Imprint
Bibliografische Information der Deutschen Nationalbibliothek: Die Deutsche Nationalbibliothek verzeichnet diese Publikation in der Deutschen Nationalbibliografie; detaillierte bibliografische Daten sind im Internet über http://dnb.d-nb.de abrufbar.

Bibliographic information published by the Deutsche Nationalbibliothek: The Deutsche Nationalbibliothek lists this publication in the Deutsche Nationalbibliografie; detailed bibliographic data are available in the Internet at http://dnb.d-nb.de.

Coverbild / Cover image: www.ingimage.com

Verlag / Publisher:
Fromm Verlag
ist ein Imprint der / is a trademark of
OmniScriptum GmbH & Co. KG
Bahnhofstraße 28, 66111 Saarbrücken, Deutschland / Germany
Email: info@frommverlag.de

Herstellung: siehe letzte Seite /
Printed at: see last page
ISBN: 978-3-8416-0598-6

Wolfgang Röhl

Sie haben Mose und die Propheten - die sollen sie hören

Predigten zu Mose und den Propheten

Inhalt

Die Geschichte geht gut aus

1. Mose 8,1-12

Es gibt biblische Geschichten, die werden auch dann noch erinnert, wenn sonst fast nichts mehr aus der Bibel bekannt ist. Die Schöpfungsgeschichte mit Adam und Eva etwa gehört gewiss dazu und natürlich die Geschichte von der Sintflut, die von Noah in der Arche mit all den Tieren. Das ist so eine Urgeschichte, eine Geschichte ganz vom Anfang, eigentlich noch vor aller Zeit. So eine Urgeschichte bleibt gültig durch alle Zeiten hindurch und wird deshalb weiter erzählt und prägt sich ins Gedächtnis ein.
Und dann geht diese Geschichte auch noch positiv aus. Der Zerstörung folgen die Rettung und der Neuanfang. So war das ja auch gedacht. Warum hätte Gott den Noah sonst die Arche bauen lassen? Er erbarmt sich über Noah, gedenkt seiner und schließt mit ihm einen Überlebenspakt, der immer währen soll. Bund heißt der in der Bibel. Gott hat versprochen: Nie wieder sollen alle Wesen aus Fleisch vom Wasser der Flut ausgerottet werden; nie wieder soll eine Flut kommen und die Erde verderben. Und Zeichen dieses Bundes ist der Regenbogen. Ende gut - alles gut?

So einfach ist es glaube ich nicht. Die Geschichte von der großen, die Menschheit vernichtenden Flut beginnt nämlich mit einer grundsätzlichen Feststellung Gottes, die alles andere als hoffnungsstiftend ist. Da heißt es:

„Als aber der HERR sah, dass der Menschen Bosheit groß war auf Erden und alles Dichten und Trachten ihres Herzens nur böse war immerdar, da reute es ihn, dass er die Menschen gemacht hatte auf Erden, und es bekümmerte ihn in seinem Herzen und er sprach: Ich will die Menschen, die ich geschaffen habe, vertilgen von der Erde, vom Menschen an bis hin zum

Vieh und bis zum Gewürm und bis zu den Vögeln unter dem Himmel; denn es reut mich, dass ich sie gemacht habe.“

Gott beschließt also, seine Schöpfung rückgängig zu machen, weil sie nicht mehr gut ist. Was ist nicht mehr gut? Einzig und allein das Handeln der Menschen! Die Schlechtigkeit nimmt zu, das Sinnen und Trachten ist immer nur böse! Was dann von Gott gesagt wird klingt sehr menschlich: es tut ihm leid, den Menschen gemacht zu haben, es schmerzt sein Herz. Gott bereut sein Tun wegen der Bosheit der Menschen. Das führt zum Beschluss, die Erschaffung des Menschen rückgängig zu machen. Nur einer findet Gnade in den Augen Gottes: Noah. Gnade meint, Noah kann vor Gottes prüfendem Blick bestehen. Er war nicht perfekt, aber er lebte in Verbindung mit Gott, er wandelte mit Gott, wie es heißt. Ein schönes Bild für das, was wir Glauben nennen.

Nicht von ungefähr kommt also diese schreckliche Flut, die das Leben vernichtet; sie kommt wegen des Übermaßes an Gottlosigkeit, an Verdorbenheit und Bosheit der Menschen. Sie ist Reaktion Gottes darauf, nicht zornige, sondern betrübte Reaktion. Gott ist zutiefst traurig über den Zustand der Menschheit. Die Flut ist der Versuch, die Schöpfung wieder in ihren Urzustand zurückzuversetzen. Sozusagen ein Reset, wie man es beim Computer macht, wenn nichts mehr geht.
Im Gegensatz zu außerbiblischen Fluterzählungen, die es ja auch gibt, im Gegensatz dazu berichten nur die biblischen Verfasser von diesem Hintergrund der Flut. Es wird deutlich: Sie erzählen die Geschichte von der Flut aus dem Glauben Israels, aus dem Wissen um Gottes Heiligkeit und um seine Nähe, seine Zuwendung zu seiner Schöpfung, zu seinen Menschen.

Unser heutiger Predigtabschnitt aus 1. Mose 8 bezeichnet in der Geschichte von der großen, das Leben vernichtenden Flut, einen Wendepunkt. Nachdem Noah die rettende Arche gebaut hat und mit seiner Familie und vielen Tieren hineingegangen ist, nachdem dann Gott die Tür der Arche verschlossen hat und die Brunnen der Tiefe und die Fenster des Himmels sich geöffnet haben, wie es heißt, wurde das ganze Land überflutet: An diesem Tag brachen alle Quellen der gewaltigen Urflut auf und die Schleusen des Himmels öffneten sich.

Die große Flut bringt Menschen und Tieren auf der Erde den Tod. Nur Noah und alles Lebendige bei ihm in der Arche bleiben bewahrt. Aber noch sind sie nicht gerettet, noch schwimmt die Arche, getrieben vom Wind – es ist ja nicht die Rede davon, dass Noah irgendwelche Steuerungsmöglichkeiten hat – noch schwimmt die Arche ungesteuert auf den Fluten. Das Leben in ihr ist abhängig davon, ob Gott sich an ihn erinnert, ob er weiterhin ein Interesse an ihm hat. Das klingt vielleicht befremdlich, denn der Ausgangspunkt der Geschichte, die von so etwas wie einer Erwählung Noahs weiß, die lässt das eigentlich wie eine Selbstverständlichkeit erscheinen. Doch jeder Mensch, der im Vertrauen auf Gott durch schwere Zeiten gegangen ist, weiß, wie groß die Erleichterung ist, wenn dann ein Wort Gottes oder ein Zeichen von ihm gegeben wird, so wie es im Psalm heißt: Der das Ohr gepflanzt hat, sollte der nicht hören? Der das Auge gemacht hat, sollte der nicht sehen?

Das ist sehr tröstlich. Wenn Gott um die bedrängende Lage weiß, dann ist sie doch in seiner Hand. Dann kann er sie zum Guten wenden. Und so heißt es dann in unserer Erzählung:“ *Da gedachte Gott an Noah und an alles wilde Getier und an alles Vieh, das bei ihm in der Arche war und ließ Wind auf Erden kommen, und die Wasser fielen.“*

Die Wende ist eingeleitet; Noah in der Dunkelheit der Arche mag davon zuerst nichts gemerkt haben. Aber es hat aufgehört zu regnen, ein trocknender Wind weht und das Wasser sinkt. Unsere Geschichte von der großen Flut ist – wie gesagt - eine uralte Menschheitsüberlieferung aus dem Zweistromland von Euphrat und Tigris, dem heutigen Irak. Auf dem Hintergrund einer großen Flut beschreibt sie Gottes Handeln so, wie es auch heute erlebbar ist. Gott rettet, auch wenn er sich scheinbar unbedingt von der Menschheit abgewandt hat. Gott rettet, auch wenn man in der Dunkelheit der Arche gefangen ist und nicht weiß, wo es hinaus soll?

So hat es vielleicht Noah erlebt und so ist es auch heute zu erleben. In der Not will Gott gesucht werden, in der Not gilt es im Vertrauen darauf, dass ER doch gnädig ist, sich im Gebet nach ihm auszustrecken. In der Not kann man verzweifeln, man kann aber auch zu Gott schreien im Hinschauen auf Jesus, in dem Gott versprochen hat uns gnädig zu sein. Wir können Gott nicht bestimmen, aber wir können gewiss werden, dass er das Boot unseres Lebens steuert. Anderes als diese Gewissheit hatte Noah auch nicht in der langen Zeit, in der die Arche ungesteuert über die Flut getrieben wurde.

Als dann aber der Wind weht und der Regen aufhört und die Flut abnimmt und die Arche schließlich auf dem Berg Ararat aufsetzt, da weiß Noah: Gott hat sich an uns erinnert. Was ist ermutigender als zu wissen: Gott denkt an uns, er hat uns nicht vergessen. Da mag noch nichts von einer Hilfe sichtbar sein und trotzdem macht diese Erfahrung mutig und froh. Ich stelle mir vor, wie Noah sich aufrappelt, weil er merkt: da passiert etwas, das unsere Lage verändert.

Nun testet Noah den Fortgang der Rettung: Wann können wir die Arche verlassen? Er lässt einen Raben fliegen und er schickt eine Taube aus. Es heißt, dass Seefahrer in der Antike sich auf diese Weise versuchten Gewissheit zu verschaffen, ob Land in der Nähe sei. Noah testet den Fortgang, dreimal lässt er eine Taube fliegen, beim zweiten Mal trägt sie einen frischen Olivenzweig im Schnabel, beim dritten Mal kommt sie nicht zurück. Der Olivenzweig ist ein Zeichen der Hoffnung. Der Weg aus der Dunkelheit und Enge der Arche geht Schritt für Schritt und ist begleitet von Hoffnungszeichen.
Solche Hoffnungszeichen sind wichtig, wichtig für Noah und -

ja - auch für uns, die wir mit Gott wandeln, die wir auf ihn vertrauen: Auf Gottes Weg mit uns gibt es Hoffnungszeichen, sein Wort, sein heiliges Mahl und die uns im Gebet und mit Trost tragende Gemeinschaft. Das war zum Beispiel Dietrich Bonhoeffer so wichtig in der Zeit der Verfolgung während der Naziherrschaft: diese brüderliche Fürbitte, mit der man einander gedachte.
Ja, und dann gibt es auch die ganz persönlichen Hoffnungszeichen, die uns zu teil werden auf dem Weg des Glaubens; die gibt es, auch wenn es nicht immer ganz leicht ist, sie zu erkennen. Der Weg des Glaubens ist ein Weg, auf dem wir Gott suchen. Der will sich finden lassen. Noahs Test mit Rabe und Taube, etwas ganz Weltliches, entspricht dem Weg, auf den Gott ihn schon mit dem Auftrag, die Arche zu bauen, gestellt hat.

Ich sagte am Anfang, diese uralte Sintflutgeschichte geht gut aus und endet mit dem Regenbogen. Gott muss zwar erkennen, dass auch künftig die Menschen nicht besser werden. Das Trachten des Herzens bleibt nur zu oft böse und nach seinen Geboten werden sie sich auch weiterhin nicht richten, aber er will das ertragen und fortan die Erde mit ihren Lebenszyklen bestehen lassen.

Stattdessen macht er den Regenbogen zum Erinnerungszeichen seiner Gegenwart, zum Zeichen seines Bundes mit Noah. Und Gott lässt sich durch dieses Zeichen daran erinnern, dass er keine, alles Leben vernichtende Flut mehr über die Erde kommen lässt, obwohl er um das Wesen er Menschen weiß.
„Alles, was aus ihrem Herzen kommt, ihr ganzes Denken und Planen, ist nun einmal böse von Jugend auf.“
Gottes Antwort auf diese Not des Menschen wird eine andere sein. Er wird sie in Jesus Christus geben, in dem seine Gerechtigkeit, die uns wieder zu recht bringt, erfahrbar wird. Und sie wird für uns so erfahrbar, wie Paulus das in seinem Brief an die Römer geschrieben hat: *„Denn hier ist kein Unterschied: sie sind allesamt Sünder und ermangeln des Ruhmes, den sie*

bei Gott haben sollten, und werden ohne Verdienst gerecht aus seiner Gnade durch die Erlösung, die durch Christus Jesus geschehen ist.“

Woran soll uns der Regenbogen erinnern? Er ist das Zeichen der Verschonung für die Menschheit; und damit weist er uns auf Jesus Christus, der für uns gestorben und auferstanden ist, damit wir leben. Leben wie Noah aus der Arche.

Der Glanz des Mose

2. Mose 34, 29-35

„Als nun Mose vom Berge Sinai herabstieg, hatte er die zwei Tafeln des Gesetzes in seiner Hand und wusste nicht, dass die Haut seines Angesichts glänzte, weil er mit Gott geredet hatte. Als aber Aron und ganz Israel sahen, dass die Haut seines Angesichts glänzte, fürchteten sie sich, ihm zu nahen. Da rief sie Mose, und sie wandten sich wieder zu ihm, Aron und alle Obersten der Gemeinde, und er redete mit ihnen. Danach nahten sich ihm auch alle Kinder Israel.
Und er gebot ihnen alles, was der Herr mit ihm geredet hatte auf dem Berge Sinai. Und als er dies alles mit ihnen geredet hatte, legte er eine Decke auf sein Angesicht. Und wenn er hineinging vor den Herrn, mit ihm zu reden, tat er die Decke ab, bis er wieder herausging. Und wenn er herauskam und zu den Kindern Israel redete, was ihm geboten war, sahen die Kinder Israel, wie die Haut seines Angesichts glänzte. Dann tat er die Decke auf sein Angesicht, bis er wieder hineinging, mit ihm zu reden.“

Geht es Ihnen auch so: Sie stehen vor jemandem und sprechen mit ihm oder ihr, und es fällt ihnen schwer, ihrem Gegenüber in die Augen zu schauen? Wie schnell wendet man den Blick ab, schaut nach links oder rechts am Gesicht des Gesprächspartners vorbei - oder der Blick richtet sich nach oben, bisweilen nach unten. Es ist schwer, jemandem lange in die Augen zu schauen - das gelingt nur Verliebten, nicht wahr? Besonders gern schaut man zur Seite, wenn man mit anderen Menschen im Fahrstuhl fährt.
Jeder schaut in eine andere Richtung - an die Decke oder auf den Boden. Sie werden das kennen. Wie kommt das? Ist es Schüchternheit? Haben wir vielleicht etwas zu verbergen, das wir einem anderen Menschen so schwer ins Antlitz schauen können? Was lässt unsere Augen ständig abschweifen? Und

empfinden Sie nicht auch bisweilen ein ungutes Gefühl, wenn im Fernsehen die Kamera ein Gesicht in Großaufnahme in ihr Wohnzimmer transportiert, noch dazu ein vielleicht schmerzverzerrtes, leidendes Gesicht? Wird hier nicht schamlos die Würde eines Menschen verletzt?

Unsere Fernsehwelt tut sich schwer mit Schamhaftigkeit, weil vermeintlich die Zuschauer alles, aber auch wirklich alles sehen wollen. Und doch fällt es wenigstens mir schwer, einem anderen länger ins Gesicht zu schauen und ihnen vielleicht auch. Die Psychologen und Verhaltensforscher mögen dafür ihre Antworten haben, die vorzutragen nicht meine Aufgabe ist; ich versuche einmal eine biblische Antwort.

Es gibt eine fast ungeheuerliche Aussage in der Schöpfungsgeschichte des Alten Testaments, die in ihrer Bedeutung kaum hoch genug eingeschätzt werden kann. Es heißt dort, dass Gott den Menschen nach seinem Bilde geschaffen habe, ihm gleich. Der Mensch, ein Geschöpf Gottes, nach seinem Bilde - welch eine Würde ist uns damit gegeben! Gott hat sich in unsere Gestalt hinein abgebildet.

Sind wir aber solche Bilder Gottes, dann wäre Gott doch in jedem und jeder von uns abbildhaft anzuschauen? Und könnte es nicht sein, dass wir eben darum einem anderen Menschen so schwer in die Augen schauen können, weil wir darin immer auch eines Stückes vom Wesen Gottes ansichtig werden? Ist es vielleicht die so ganz menschliche Scham, die uns dem Heiligen nur gesenkten Blickes gegenübertreten lässt? Wer Gott sieht, muss sterben, heißt es im Alten Testament. Gottes Unsichtbarkeit, sein Verbot, Bilder von ihm zu fertigen, ist undurchdringlich. Lebenden Auges werden wir seiner nicht ansichtig - und sind doch nach seinem Bilde geschaffen und sehen so im Gegenüber doch seinem Abbild ins Angesicht. Senken wir - ganz unbewusst - vielleicht deshalb den Blick? Die Israeliten am Berge Sinai jedenfalls vermochten Mose nicht mehr ins Gesicht zu schauen, als er vom Offenbarungsberg herabkam, denn die Haut seines Angesichtes glänzte, weil er mit Gott geredet hatte. Mose war etwas erlaubt worden, was sonst keinem in Israel widerfahren war: Er hatte Gott gegen-

übergestanden und mit ihm von Angesicht zu Angesicht gesprochen - und musste doch nicht sterben. Dabei hatte sich Gottes Abglanz, hatte sich seine Herrlichkeit auf die Haut des Mose gelegt. Und nun strahlte Mose diese Herrlichkeit aus, indem seine Haut glänzte. Die Israeliten sahen im Antlitz des Mose nicht mehr nur ein Abbild Gottes so wie in jedem anderen Gesicht, nein, sie sahen den Glanz Gottes selbst - und deshalb fürchteten sie sich und wichen vor Mose zurück. Wer mit Gott spricht, bekommt teil an seiner Herrlichkeit. Mose war diese einmalige Ehre widerfahren. Sie war ihm widerfahren, weil er die Aufgabe bekommen hatte, Gottes Wort seinem Volk zu übermitteln. Vierzig Tage und vierzig Nächte hatte Mose auf dem Gottesberg zugebracht und das Wort Gottes empfangen. Er allein durfte die Gegenwart Gottes erleben und aus seinem Mund hören, was er seinem Volk zu sagen hatte. Auf steinernen Tafeln schrieb er das Wort nieder, um es so dem Volk bringen zu können. Und als Mose mit diesem Wort zu den Israeliten kam, da leuchtete seine Haut. Es war das göttliche Wort, das ihm die Herrlichkeit des Herrn aufs Antlitz prägte und das er auf den Tafeln den Berg hinabtrug. Wann immer Mose in der Folgezeit mit Gott redete, begann seine Haut zu leuchten. Und damit die Israeliten sich nicht fürchteten, legte Mose eine Decke über sein Gesicht und verhüllte es, wenn er zum Volk sprach; trat er aber Gott gegenüber, so legte er die Decke ab und sprach mit ihm von Angesicht zu Angesicht.
Diese kleine aber so wichtige Geschichte aus dem 2. Mosebuch will uns zweierlei zeigen: *einmal* die ganz außerordentliche Bedeutung und Würde des Mose und *zum anderen* die Einmaligkeit des Wortes Gottes, das durch Mose an Israel und schließlich an uns ergangen ist. So dürfen wir nicht vergessen, ja wir müssen zuallererst daran denken, dass wir die Bibel, unsere heilige Schrift, dem göttlichen Wort verdanken, das auf dem Berg Sinai an Mose erging. Auf jenem Berg zwischen Afrika und Asien, den Kontinenten, in denen die Wiege der Menschheit stand, auf jenem Berg wurde das gesprochene schöpfungsmächtige Wort Gottes, das alles Seiende geschaffen hatte, zum Schriftwort. Und es wurde Schriftwort durch einen

Israeliten, den Mann Mose; durch den, der das Volk, das sich Gott erwählt hat, aus dem Sklavenhaus in Ägypten befreit hatte. Gottes Wort wird auf Steintafeln eingeritzt und soll damit ins Herz der Kinder Israel eingeschrieben werden. Denn auf den Steintafeln des Mose stehen die Gebote des Bundes, die Israel von nun an zu halten verpflichtet ist. Verpflichtet ist zu halten, damit es lebe! Denn Gott will mit seinem Wort Leben schaffen, so wie er in der Schöpfung mit seinem Wort die Erde und alles Leben in ihr geschaffen hat.
Für Israel haben die "Bücher der Weisung", die fünf Bücher Mose, genau deshalb eine so herausragende Bedeutung, weil in ihnen das Gebot des Bundes niedergeschrieben ist, in dem und aus dem Gottes Volk lebt. Deshalb auch darf die Schriftrolle mit den Mosebüchern, aus denen während des jüdischen Gottesdienstes gelesen wird, nicht mit der Hand berührt werden. Denn in ihnen strahlt noch immer der Glanz, der die Haut des Mose leuchten ließ, als er vom Berge Sinai herabstieg. Und deshalb auch werden unlesbar gewordene Schriftrollen mit den Mosebüchern nicht einfach weggetan, sondern regelrecht bestattet. Das göttliche Wort wird einem Menschen gleich in die Erde gebettet. Wenn wir etwas zum Umgang mit der heiligen Schrift lernen können, dann beim Volk Israel und seiner Liebe zum Wort Gottes und seinem Glanz, seiner Herrlichkeit in den Büchern der Weisung.

Es gibt dazu eine schöne Legende. Sie erzählt von vier großen Theologen der jüdischen Tradition, denen eine große Auszeichnung zuteil wird: Sie dürfen für einen Augenblick die Herrlichkeit Gottes schauen. Jene Herrlichkeit, die einst auf dem Gesicht des Moses geglänzt hatte. Als sie von diesem tiefen Erlebnis zu den Menschen zurückkehren, sind drei von ihnen ganz verstört. Der erste, so erzählt die Legende, warf sich mit zitternden Gliedern auf sein Lager, nahm weder Speise noch Trank zu sich und starb nach wenigen Tagen. Den zweiten bedrängten die ungeheuren Bilder, die er geschaut hatte. Er kam mit seinem Leben nicht mehr zurecht und versank in Wahnsinn. Dem dritten erschien sein Leben plötzlich völlig sinnlos. Was wir hier haben, ist doch ganz und gar nichtig im Vergleich zum Ewigen - so rief er und warf verzweifelt allen Glauben von sich. Der vierte schließlich, Rabbi Akiva, sagte: Wir sind tot, gemessen an seinem Leben, wir sind eng und klein vor seiner Unendlichkeit, wir sind Toren vor seiner ewigen Weisheit. Dennoch hält er seine Hand über uns und hat uns dieses Leben gegeben, damit wir darin wirken zu seiner Ehre. Und er fing an, von ihm zu sprechen - mit den armen Worten dieser Erde.

Angesichts dieser Legende: Wie mag es dem Mose auf dem Gottesberg ergangen sein, als Gott von Angesicht zu Angesicht mit ihm redete? Wir können nunmehr, wie der große Rabbi Akiva, allein mit den dürren Worten dieser Erde von dem Wort reden, das uns Mose auf steinernen Tafeln überliefert hat. Und doch leben auch wir aus diesem Wort, in dem die göttliche Herrlichkeit erstrahlt. Wir Christen haben dieses Wort Gottes allerdings nur durch einen anderen Israeliten, der gekommen ist das Gesetz zu erfüllen, damit alle Völker der Welt das Wort ihres Schöpfers hören können: Wir haben dieses Wort durch Jesus Christus. In ihm ist die Decke des Mose abgetan und die Herrlichkeit Gottes für uns ganz ansichtig geworden. Er ist das Abbild Gottes, denn wer ihn sieht, der sieht den Vater. In Christus leuchtet für uns jene Herrlichkeit auf, die am Sinai auf dem Gesicht des Mose glänzte, so wie es der Evangelist Markus berichtet, wenn er schreibt: Und nach sechs Tagen nahm Jesus zu sich Petrus, Jakobus und Johannes und führte sie auf einen hohen Berg, nur sie allein, und ward vor ihnen verklärt. Und seine Kleider wurden leuchtend weiß, wie sie kein Bleicher auf Erden so weiß machen kann. Und es erschien ihnen Elia mit Mose, und sie redeten mit Jesus.
Jesus und Mose auf dem Berg der Verklärung. Hier wird der Zusammenhang zwischen Mose, der das Wort Gottes den Kindern Israel brachte, und Jesus, der das gnadenbringende und friedenverheißende Wort allen Menschen sagt, in dieser Verklärungsgeschichte wird der Zusammenhang ganz deutlich. Und deshalb beginnt unsere Bibel, die christliche Bibel, ganz

folgerichtig mit den fünf "Büchern der Weisung", den Büchern des Mose und endet mit dem Wort des Auferstandenen: Ich bin das A und das O, der Erste und der Letzte, der Anfang und das Ende. Diese Bibel, die wir heute so handlich in der Hand halten, lässt keinen Zweifel daran: der göttliche Glanz auf dem Angesicht des Mose und auf dem Angesicht Jesu Christi hat den gleichen Ursprung. Der gleiche Glanz hält das Alte und Neue Testament zusammen, die Bibel mit der unser Leben Glanz bekommt. Dieses Buch ist mittlerweile vollständig in 318 Sprachen der Welt übersetzt, doch gibt es weltweit schätzungsweise 3000 - 6000 Sprachen. So bleibt viel zu tun. Viele Menschen auf der Welt warten heute noch darauf, einmal eine Bibel zu bekommen, denn nur in wenigen Ländern der Erde ist sie so leicht, so preiswert und in so zahlreichen Ausgaben erhältlich wie bei uns. Die Fülle bei uns entspricht aber leider kaum unserem Interesse. Wer liest in unserem Land schon noch regelmäßig die Bibel, wer kennt sich noch in ihr aus, so wie das bei unseren Vorfahren noch der Fall war? Die Bibel mag bei uns vielleicht das meistverkaufte Buch sein - das meistgelesene ist es gewiss nicht. Ja, es droht sogar wieder ein ganz unbekanntes Buch zu werden. Deshalb sollten wir alles daran setzen, uns neu vertraut zu machen mit dem Wort Gottes, das in der Bibel zu uns spricht, das der Grund der Schöpfung ist und das die Haut des Moses auf dem Sinai glänzen ließ.

Und wir sollten aufs Neue lernen, in diesem Buch, den göttlichen Glanz zu entdecken, der im Antlitz Christi für uns ansichtig wird. Leicht ist das gewiss nicht - die Bibel ist kein Buch für die rasche Lektüre. Sie braucht Zeit und man kommt mit ihr ohnehin nicht zum Ende, wie Martin Luther schließlich feststellen musste: "Ich hab nun 28 Jahr, seit ich Doktor geworden bin, stetig in der Biblia gelesen und draus gepredigt, doch bin ich ihrer nicht mächtig und find' noch alle Tag etwas Neues drinnen."

Die Müden bekommen Kraft

Jesaja 40, 26-31

Mein Gott, mein Gott, warum hast Du mich verlassen. Mit diesen Worten der Verzweiflung, diesen Worten äußerster Verlassenheit ist Jesus einsam am Kreuz gestorben. Von Gott und der Welt verlassen: das ist das schlimmste Geschick, das einem Menschen widerfahren kann. Mit einem Mal geht aller Halt verloren. Das endgültige Nichts steht vor Augen und die vollkommene Aussichtslosigkeit.
Aber der, der da am Kreuz seine Verlassenheit herausschreit: er wird neue und ewige Gemeinschaft, Gemeinschaft des Lebens erfahren. Das feiern wir an Ostern. Und davon sollen wir uns stärken lassen. Ostern eine Kraftquelle des Lebens.
Heute am Sonntag „Quasimodogeniti", also an dem Sonntag, an dem einst die Neugetauften wie die neu Geborenen, die zum neuen Leben Wiedergeborenen, in weißen Gewändern erstmals am Gottesdienst der Gemeinde teilnahmen, da hatten gerade sie diese Kraft des Osterfestes erfahren. Denn die Taufe ist der Ort, an dem man von dem lebendigen Geist ergriffen und hineingestellt wird in die lebendige Gemeinschaft mit dem auferstandenen Christus. Das ist Lebenskraft.
Auch der Prophet Jesaja erzählt, wenn auch auf ganz andere Weise und aus ganz anderer Zeit, von dem Gefühl tief erfahrener Verlassenheit, von Sinnlosigkeit, Aussichtslosigkeit. Perspektivlosigkeit. Die Worte stammen jener Zeit, als die Israeliten am fernen Euphratstrom als Verschleppte leben mussten vor etwa zweieinhalbtausend Jahren.

„Hebt eure Augen in die Höhe und seht! Wer hat dies geschaffen? Er führt ihr Heer vollzählig heraus und ruft sie alle mit Namen; seine Macht und starke Kraft ist so groß, dass nicht eins von ihnen fehlt. Warum sprichst du denn, Jakob, und du, Israel, sagst: »Mein Weg ist dem HERRN verborgen, und mein Recht geht vor meinem Gott vorüber«? Weißt du nicht? Hast du nicht gehört? Der HERR, der ewige Gott, der die Enden der Erde ge-

schaffen hat, wird nicht müde noch matt, sein Verstand ist unausforschlich. Er gibt dem Müden Kraft, und Stärke genug dem Unvermögenden. Männer werden müde und matt, und Jünglinge straucheln und fallen; aber die auf den HERRN harren, kriegen neue Kraft, dass sie auffahren mit Flügeln wie Adler, dass sie laufen und nicht matt werden, dass sie wandeln und nicht müde werden."

Im 137. Psalm singen die aus Jerusalem Verschleppten: „An den Wassern zu Babylon da saßen wir und weinten, wenn wir an Zion gedachten ...". Damals war den Menschen zum Heulen zumute, denn für sie schien das Leben keine Perspektive mehr zu bieten. Die Heimat hatte man verloren. An Rückkehr war gar nicht zu denken. Und wohin auch? Da war doch alles zerstört, die Stadt lag wüst und leer. Und man hatte dazu noch den Spott der Sieger zu ertragen. „Na, singt uns doch so ein schönes Lied über Jerusalem ... lasst doch mal hören wie fröhlich das klingt!" Und Gott schien das alles nicht zu kümmern. Hatte er nicht sowieso verloren? War er nicht der Schwächere gewesen, weil er die Niederlage seines Volkes und die Zerstörung seines Tempels nicht verhindern konnte. Waren Babels Götter nicht die wirklich Mächtigen?

Für die, die da ihre Harfen an die Trauerweiden gehängt hatten, weil ihnen so gar nicht mehr nach einem Lied zumute war, so sagt es der 137. Psalm, für sie war klar, dass sich Gott um sie nicht mehr kümmerte: „Der Herr kümmert sich nicht um uns; unser Gott lässt es zu, dass uns Unrecht geschieht." Der Prophet überliefert hier gewiss ganz wortgetreu, wie man damals am Euphrat geredet hat. Sie waren mit ihrem Glauben am Ende. Was sollte er auch noch angesichts der deprimierenden Verhältnisse. Wie denn noch Gott loben und preisen, wo doch alles verloren war. Worauf war jetzt noch zu hoffen?

In dieser Situation spricht der Prophet sie an. Er will ihnen neuen Mut machen, will sie stärken in ihrer verzweifelten Situation. Wie tut er das? Er tut das durch Erinnerung. Er tröstet nicht einfach über die missliche Lage hinweg, vertröstet nicht und macht keine falschen Hoffnungen. Nein, er verweist zuerst einmal auf eine grundlegende Eigenschaft Gottes. Er verweist schlicht darauf, dass Gott der Schöpfer des Himmels ist. „Seht doch nur in die Höhe! Wer hat die Sterne da oben geschaffen?“ Das macht er ganz geschickt. Er sagt nicht einfach „Kopf hoch, das wird schon wieder“ – da wären die niedergeschlagenen Augen kaum nach oben gerichtet worden – nein, er sagt, schaut doch mal an den Sternenhimmel. Und dann denkt daran, wer das alles gemacht hat. Erinnert euch an Gott den Schöpfer. Das ist doch unser Gott. Er hat geschaffen, was wir da oben an Sternenpracht bestaunen können. Wer so mächtig ist, dass er das Weltall erschaffen kann, dass er jeden einzelnen Stern beim Namen kennt und sie auf ihrer Bahn lenkt, wer so mächtig ist, der kann doch kein Verlierer sein? Der muss sich doch nicht messen mit Göttern, die als Statuen die Tempel dieser Welt bevölkern. Selbst nur Geschöpfe erschaffener Menschen. „Mit wem wollt ihr mich also vergleichen? Wer kann es mit mir aufnehmen?“ So fragt der heilige Gott. Da ist auch nicht einer, der sich mit diesem Schöpfer messen könnte.

Den Blick in die Höhe richten, weg von sich selbst richten, auf Gottes Werk schauen. Das kann neuen Mut geben und neue Kraft. Wer die Erhabenheit und die Unermesslichkeit der Schöpfung erkennt, der wird seine Situation neu und er wird sie anders sehen. Und er wird Gottes Macht nicht am eigenen Schicksal messen. Er wird sich darauf einlassen, ganz eingebunden zu sein in Gottes Schöpfung, ein Teil von ihr und so mit dem eigenen Leben ganz in ihr aufgehoben. Er wird Gott nicht mit menschlichen Maßstäben messen, sondern im wahrsten Sinn mit himmlischen.

Aber könnten wir das auch so akzeptieren in unseren eigenen Ausweglosigkeiten? In Perspektivlosigkeit und wenn uns jeder Sinn des Geschehens gleichsam wie Sand durch die Finger rinnt? Könnte für uns das Wort des Philosophen Immanuel Kant ebenso gelten: „Das gestirnte Himmelszelt über mir und das moralische Gesetz in mir ...“ das ist das, was einem

Mensch Halt und Orientierung gibt und ihm Mut zum Leben macht? Ist nicht der gestirnte Himmel für uns Heutige nur zu oft zu einem endlosen leeren Raum geworden, in dem nun tatsächlich ungezählte Sterne ihre immer gleichen Bahnen ziehen, einsam in den Weiten des Alls?

„Weißt du wie viel Sternlein stehen an dem blauen Himmelszelt ... Gott der Herr hat sie gezählet, dass ihm auch nicht eines fehlet an der großen Zahl ...“ Wer könnte dieses Kinderlied, das vielleicht vielen von uns noch vertraut ist, wer könnte das ganz unbefangenen Herzens singen? Die moderne Astronomie und die Physik, haben sie nicht den Himmel entzaubert, ihn gleichsam auch von Gott entleert? Ist für uns der Blick an den gestirnten Himmel heute noch ein Mut machender Blick, ein Blick, der Vertrauen schöpft aus Gottes Allmacht, die sich da oben zeigt?

Das wird er nur dann – und anders war das im fernen Babel auch nicht,– das wird er nur dann, wenn wir uns erinnern lassen an das, was uns gesagt, was uns überliefert ist. Von uns aus kommen wir gar nicht darauf. Durch Teleskope - und seien sie noch so riesig – durch Teleskope ist Gott nicht zu erkennen, sowenig wie durch mathematische Formeln, die den Himmel vermessen. Vom Propheten müssen auch wir uns das sagen lassen, dass am Himmel Gottes Allmacht zu sehen ist und nicht nur kalte Leere und tote Gestirne. Schöpfung und Schöpfer wahrzunehmen, dass geht nicht ohne das vorausgehende Wort. Wir können zu der Einsicht auf keinem anderen Wege kommen, als uns das Wort von dem Gott, der Himmel und Erde gemacht hat, sagen zu lassen.

Aber wenn wir es uns sagen lassen und wenn wir durch das Wort geleitet an den gestirnten Himmel über uns blicken, dann können wir erkennen, dass hier nicht Zufall, sondern ein weiser Schöpfer am Werke ist und dass wir ein Teil sind dieser großartigen und unendlichen Schöpfung.

Das setzt uns auch in ein rechtes Verhältnis zu all unseren Hoffnungslosigkeiten und Ausweglosigkeiten, die uns nur niedergeschlagen machen können. Den Blick nach oben richten hin zu Gott, sein großartiges Werk wahrzunehmen, das wird uns stets neue Kraft geben und guten Mut machen. „Denn er gibt den Müden Kraft und die Schwachen macht er stark“, so sagt es der Prophet. Gott lässt sich nicht nur in seiner Schöpfung erkennen und dass er ein Gott von Ewigkeit zu Ewigkeit, von tiefer und unerschöpflicher Weisheit ist – wo finden wir eine schönere, eine genauere Beschreibung unseres Gottes? Wie ließe sich auf die Frage: Wer ist Gott? besser antworten als mit diesen Worten des Propheten Jesaja? – der Gott, den uns der gestirnte Himmel zeigt, der gibt den Müden Kraft. Das ist ein kühner Satz aus ferner Zeit, aber vielleicht gerade heute wichtig zu hören. Vor allem der Kontrast: „Auch junge Leute werden kraftlos, die Stärksten erlahmen.“ Auch damals wurden wie heute Jugend und Kraft in Verbindung gebracht und deshalb ist ja in unseren Tagen die Jugendlichkeit so wichtig. Wer nicht mehr jung ist, der möchte doch wenigstens einen Teil der Jugend behalten. Wenigsten noch ein bisschen kräftig und stark sein. Der Körperkult unserer Tage legt davon beredtes Zeugnis ab. Die Fitnessstudios sind nur der ganz besondere Ausdruck dafür, wie man auch ein Stück Jugend zu bewahren versucht. Wie man den Schwächen des Körpers entgegenwirken will. Aber das hilft nichts, auch wenn man manchmal noch sehr alte Jugendliche am Barren turnen sieht. Nein: auch die jungen Leute werden kraftlos. Mit unserer Macht ist da nichts getan. Die Kraft, die wir zum Leben brauchen, die kommt nicht von uns, gleichsam aus uns selbst und durch unsere Anstrengung. Diese Kraft kommt von dem ewigen Gott. Wer auf ihn vertraut, wer sich ganz auf ihn verlässt, der bekommt immer wieder neue Kraft. Es wachsen ihm Flügel wie dem Adler.

Wieder ein schönes Wort, mit dem der Prophet beschreibt, wie wir gleichsam in die Höhe getragen werden, wenn uns von Gott neue Kraft zuwächst. Der Adler flattert ja nicht in die Höhe wie die Lerche. Der Adler breitet seine Schwingen aus und lässt sich von den Aufwinden in die Höhe tragen. Er schwebt gleichsam in den Lüften. Ganz so, als ob er von unsichtbaren Händen in die Höhe gehoben wird.

So geht es mit der Gotteskraft. Sie hebt die, die darauf vertrauen, nach oben, hebt die die Müden und die Kraftlosen auf, richtet sie auf, dass sie gehen und nicht müde werden.

Das sind ermutigende, Mut machende Worte. Die dürfen wir uns gerade nach Ostern sagen lassen, zu der Zeit, da wir uns haben erinnern lassen an das so ganz einmalige und einzigartige Geschehen an jenem ersten Tag der Woche, unserem Sonntag, an dem das Grab leer war. Die, die traurig und enttäuscht zum Felsengrab gingen, die allen Mut hatten sinken lassen und keine Perspektive mehr sahen, die kehren um ins Leben und verbreiten ohne müde zu werden die gute Nachricht, dass der, den die Mächte der Welt ein für alle mal fortschaffen wollten, weil er ihrem Tod bringenden Treiben im Wege stand, dass der lebt, dass ihn auch Felssteine nicht haben halten können. Er hat den Tod besiegt einmal und ein für alle mal. Und durch diese Auferstehung Jesu hat der barmherzige Gott auch uns wiedergeboren zu einer lebendigen Hoffnung. Uns, die wir auf seinen Namen getauft sind. Das ist gewisslich wahr!

Gerechten Taten folgt Gottes Herrlichkeit

Jesaja 58,1-9

„Rufe getrost, halte nicht an dich! Erhebe deine Stimme wie eine Posaune und verkündige meinem Volk seine Abtrünnigkeit und dem Hause Jakob seine Sünden! Sie suchen mich täglich und begehren meine Wege zu wissen, als wären sie ein Volk, das die Gerechtigkeit schon getan und das Recht seines Gottes nicht verlassen hätte. Sie fordern von mir Recht, sie begehren, dass Gott sich nahe. »Warum fasten wir und du siehst es nicht an? Warum kasteien wir unseren Leib und du willst's nicht wissen?« Siehe, an dem Tag, da ihr fastet, geht ihr doch euren Geschäften nach und bedrückt alle eure Arbeiter. Siehe, wenn ihr fastet, hadert und zankt ihr und schlagt mit gottloser Faust drein. Ihr sollt nicht so fasten, wie ihr jetzt tut, wenn eure Stimme in der Höhe gehört werden soll. Soll das ein Fasten sein, an dem ich Gefallen habe, ein Tag, an dem man sich kasteit, wenn ein Mensch seinen Kopf hängen lässt wie Schilf und in Sack und Asche sich bettet? Wollt ihr das ein Fasten nennen und einen Tag, an dem der HERR Wohlgefallen hat? Das aber ist ein Fasten, an dem ich Gefallen habe: Lass los, die du mit Unrecht gebunden hast, lass ledig, auf die du das Joch gelegt hast! Gib frei, die du bedrückst, reiß jedes Joch weg! Brich dem Hungrigen dein Brot, und die im Elend ohne Obdach sind, führe ins Haus! Wenn du einen nackt siehst, so kleide ihn, und entzieh dich nicht deinem Fleisch und Blut!
Dann wird dein Licht hervorbrechen wie die Morgenröte, und deine Heilung wird schnell voranschreiten, und deine Gerechtigkeit wird vor dir hergehen, und die Herrlichkeit des HERRN wird deinen Zug beschließen. Dann wirst du rufen und der HERR wird dir antworten. Wenn du schreist, wird er sagen: Siehe, hier bin ich.“

Ein Gotteswort aus ferner Zeit, das streng ins Gericht geht mit den Hörern. Mit den Hörern, die von Gott eigentlich etwas ganz anderes erwartet hatten. Fromme Leute waren das doch. Jedenfalls sahen sie sich selbst wohl so. Sie praktizierten ihren Glauben mit frommen Übungen. Sie pflegten ihre Spiritualität, wie wir heute sagen würden. Sie fasteten. Das gehörte in Israel zum frommen Leben. Da unterscheidet sich Israel nicht von anderen Völkern, da unterscheidet sich seine Spiritualität nicht von derjenigen anderer Religionen. Gefastet wurde damals. Gefastet wird heute. Und das nicht, um schlanker zu werden. Das waren die Menschen damals wahrscheinlich sowieso. Als Israel aus dem Exil in Babylon am fernen Euphrat vor nun so zweieinhalbtausend Jahren zurückgekehrt war und als dieses Wort aus den Mund des Propheten an das Volk erging, da war es ja nicht in ein blühendes Land gekommen, sondern in eines, in dem es eher kärglich zuging. Da fastete man nicht, um überflüssige Pfunde loszuwerden. Da fastete man, um in Beziehung zu Gott zu treten. Das war Israel wichtig. Es wollte sich der Gegenwart seines Gottes vergewissern. Die Israeliten hatten nämlich das Gefühl, dass Gott sich so gar nicht um sie kümmere. Er sollte doch endlich für sie bessere Zeiten heraufführen. Wohl ständig drangen ihre Klagen an Gottes Ohr: „Warum führst DU uns solche Wege? Wege, die wir doch gar nicht verdient haben! Warum bist DU uns so fern und wir spüren von DEINER Nähe so ganz und gar nichts." Wir strengen uns an. Wir leisten Verzicht. Wir gehen im Sack und sitzen in der Asche. Betrübt lassen wir den Kopf hängen. Aber von DEINER Nähe, von DEINER Zuwendung und erst recht von DEINER Hilfe spüren wir nichts Gott. So jammerten sie in Gottes Ohr.

Das hält Gott nicht mehr aus. Er lässt sich hören aus dem Mund des Propheten. Und er liest seinen Frommen gleichsam die Leviten. Ja, ihr übt recht fein eure Frömmigkeit. Ihr plagt euch und fastet und zeigt auch nach außen, wie ernst euch euer Glaube ist. Und dann meint ihr, jetzt hättet ihr es verdient, dass ich euch tue, was ihr wollt. Aber ihr seht euch doch nur selbst. Ihr seid euch doch nur selbst wichtig. Ihr habt nur Augen für euer eigenes Geschick. Und euer Leben:

das ändert ihr ja gerade nicht. Ja, gerade wenn ihr eure frommen Übungen abhaltet, gerade dann macht ihr weiter wie bisher. Da wird der Arbeiter um seinen Lohn gebracht, da wird gezankt und gestritten, was das Zeug hält, ja und auch vor blanker Gewalt schreckt ihr nicht zurück. Was soll da euer frommes Tun bringen?

Solange ihr nicht die Not der Menschen um euch herum seht, solange ihr euch nicht um sie kümmert und ihre Not lindert, solange werdet ihr nichts von mir erfahren. Solange bin ich euch so fern wie die Nacht vom Tage.
Aber wenn ihr das tut, wenn ihr euch anders verhaltet, wenn ihr Menschen aus unwürdigen Verhältnissen befreit, wenn ihr sie nicht hungern lasst und sie nicht der Obdachlosigkeit preisgebt, dann, aber auch nur dann, ihr frommen Faster, dann werdet ihr meine heilsame Gegenwart erfahren. Dann bin ich bei euch, wenn ihr mich um Hilfe bittet. Dann werde ich sagen: Ich bin da!

Wie gesagt, ein Gotteswort aus ferner Zeit, eines dessen Hörer sich schon vor ewigen Zeiten zu den Vätern versammelt haben, wie man damals in Israel sagte. Ist es damit vergangen? Hat es etwas bewirkt? Weshalb wurde es aufgeschrieben? Weshalb wird es immer wieder gehört? Auch heute, an ganz anderem Ort in ganz anderer Zeit. Geht uns das Wort etwas an? Wir könnten ja sagen: Dieses Wort trifft uns nicht. Was haben wir mit Israel vor zweieinhalbtausend Jahren zu tun? Müssen wir Christen uns dieses Wort sagen lassen?

Es ist kein Zufall, dass wir Christen Israels Bibel auch als unsere Heilige Schrift angenommen haben und uns mit unserem Glauben in diesem Buch genauso verorten, wie Israel das bis heute tut. Wir Christen wissen, dass unser Glaube in diesen Schriften wurzelt, in denen bewahrt ist, was durch die Propheten von dem Menschensohn geschrieben steht. Der Menschensohn Jesus bezieht sich ja selbst immer wieder auf das Gesetz und die Propheten, wenn er sagen will, wozu er gekommen ist und was durch ihn mit unserer Welt geschieht. Der Menschensohn wäre gar nicht zu verstehen ohne die Heilige Schrift Israels.

Aber nun noch einmal: Geht uns das Wort des Propheten überhaupt etwas an? Könnten wir uns gegebenenfalls wiederfinden in den Menschen, von denen hier im Jesajabuch die Rede ist? Sind wir Fastende, die sich nach Gottes Gegenwart sehnen, die nicht verstehen, weshalb er sich so verborgen hält? Verhalten wir uns so, wie der Prophet sagt und sind um uns herum die Armen, denen wir Obdach gewähren müssten? Da wäre nachzufragen. Ich kann die Fragen ja nur sehr eingeschränkt beantworten. Fastende? Wir Evangelische wohl kaum. Und auch bei unseren katholischen Schwestern und Brüdern, die ihre Sonntage in der Passionszeit nach dem liturgischen Kalender als Fastensonntage benennen, werden ja kaum die ganze Zeit fasten. Natürlich gibt es seit einiger Zeit Enthaltsamkeitsübungen wie sieben Woche ohne, aber das hat mit dem Fasten damals nicht viel zu tun und dass jemand meinte, er käme durch den Verzicht sagen wir aufs Fernsehgucken oder Autofahren oder was auch immer in ein neues Verhältnis zu Gott und Gott käme ihm so nahe – da habe ich doch sehr meine Zweifel.

Aber dass bei uns Evangelischen ein konsequent religiöses Fasten nicht mehr geübt wird und es im liturgischen Kalender auch keine Fastensonntage mehr gibt, das hat viel mit unserem Prophetenwort zu tun. Denn hier mit der Kritik des Propheten wird eine Entwicklung sichtbar, die es in Israel schon seit den Anfängen der Prophetie gab. Es gab beständig die Anfrage an die Frömmigkeitsformen, die sehr wohl eigene Vollkommenheit im Verhältnis zu Gott zum Ziel hatten, die aber eben den einzelnen oder auch das Volk dadurch zu bessern meinten, dass man intensiv ein bestimmtes spirituelles Verhalten übte und so Gott zu dienen meinte, um dann seinerseits von ihm angenommen zu werden. Dagegen erfolgte dann ebenso beständig aus dem Mund der Propheten Gottes Kritik. Nicht immer mehr und immer intensivere Frömmigkeitspraktiken bringen die Glaubenden zum Ziel, sondern allein ein diakonisches Handeln, dass sich um Gerechtigkeit bemüht. Ein Handeln, dass sich darauf richtet, dem Elend, das gleichsam vor der Haustür liegt, ein Ende zu machen. In der Heiligen Schrift des Alten Testaments ist das geradezu ein durchgehender Zug: Unrecht, Armut und Unterdrückung soll nicht sein. Dagegen muss etwas getan werden. Immer wieder und immer wieder neu, weil es in dieser Welt all das immer wieder gibt und geben wird. Gott wird da sein, wo das geschieht. Den guten Taten folgt Gottes Herrlichkeit nach.

Jesus der Menschensohn hat uns Menschen mit seinem Wort und seiner Tat auf diesen Gotteswillen mit letzter Verbindlichkeit hingewiesen. Er hat frommer Heuchelei eine heftige Absage erteilt und uns eingeschärft, dass Beten und Tun-des-Gerechten unbedingt zusammen gehören. Er hat den Geldwechslern die Tische umgestoßen, weil er zeigen wollte, dass mit dem Glauben der Menschen keine Geschäfte gemacht werden dürfen. Mit Gott soll man keinen Profit machen, sondern sich seine Liebe und also seine Zuwendung schenken lassen. Seine Liebe will, dass allen Menschen geholfen werde und das in jeder Weise: in geistlicher Weise und auch ganz handfest materiell.
So hat es der Menschensohn vorgelebt, wenn er sich der Menschen annahm, die sich um Hilfe an ihn wandten. In ihm, Jesus, dem Menschensohn, ist das Gotteswort lebendige Gegenwart geworden. Durch ihn wirkt das Wort seitdem in alle Welt.

Deswegen, liebe Gemeinde, geht auch uns das Wort an, weil es auch uns mit dem Gotteswillen konfrontiert. Die Wirksamkeit dieses Wortes besteht seit den fernen Tagen des Jesaja genau darin, dass wir uns nicht beruhigen dürfen mit dem Unrecht und dem Elend, dass ja all überall mitten unter uns und vielmehr noch um uns herum immer wieder vor unsere Augen und Ohren kommt. Dieses Wort ist gleichsam der Stachel im Fleisch der ungerechten Verhältnisse. Das Unrecht und die Armut dürfen nicht gerechtfertigt werden.

Das war die Motivation für das diakonisch-caritative Handeln einzelner und der Kirche durch die Geschichte hindurch. Mit diesem Handeln wurde das Gotteswort des Propheten ganz handfest ernst genommen. Entsprechend finden wir diakonisches Handeln in Nöten, die Jesaja seinem Volke vorgehalten hatte. Es gibt die Möglichkeit für Menschen mit wenig Einkommen, günstig an Lebensmittel und Essen zu kommen, bei den Tafeln und zum Beispiel in der Vesperkirche. Es gibt Wohnheime, um den Obdachlosen Herberge zu geben, übrigens auch Kindern und Jugendlichen. Es gibt Kleiderkammern, um günstig an Kleidung zu kommen. Keiner soll unbekleidet sein. Und es gibt Kaffeestuben, wo man Beratung und auch eine Dusche, auch ein gutes Wort findet.
All das, was an diakonischem Handeln geschieht hier bei uns und weltweit, all das ist für mich Wirkung dieses Gotteswortes, dass Jesaja einst sagte und das immer wieder gesagt wurde. Das wirkte, eben weil es immer wieder gesagt wurde und gesagt wird. Und ich wage zu sagen, dieses Wort hat bis ins Politische der Gegenwart hinein gewirkt. Gute Politik ist heute nur die, die für Gerechtigkeit sorgt und sich der Nöte der Menschen annimmt. Und auch da ist viel geschehen und geschieht viel. Es gibt auch im politischen Raum eine große Sensibilität dafür, dass es einen Ausgleich gibt zwischen denen, die viel haben und denen, denen es auch am Nötigsten mangelt.

Und so war das Gotteswort ja auch schon in ferner Zeit gemeint: Sorgt nicht dafür, dass ihr selbst mit eurer Frömmigkeit gut dasteht, sondern sorgt dafür, dass alle bei euch gut leben können. Dann strahlt euer Glück auf wie die Sonne am Morgen, und eure Wunden heilen schnell; eure guten Taten gehen euch voran, und meine Herrlichkeit folgt euch als starker Schutz.

Es ist eben Jerusalem

Jesaja 62,6-12

„O Jerusalem, ich habe Wächter über deine Mauern bestellt, die den ganzen Tag und die ganze Nacht nicht mehr schweigen sollen. Die ihr den HERRN erinnern sollt, ohne euch Ruhe zu gönnen, lasst ihm keine Ruhe, bis er Jerusalem wieder aufrichte und es setze zum Lobpreis auf Erden!
Der HERR hat geschworen bei seiner Rechten und bei seinem starken Arm: Ich will dein Getreide nicht mehr deinen Feinden zu essen geben noch deinen Wein, mit dem du so viel Arbeit hattest, die Fremden trinken lassen, sondern die es einsammeln, sollen's auch essen und den HERRN rühmen, und die ihn einbringen, sollen ihn trinken in den Vorhöfen meines Heiligtums. Gehet ein, gehet ein durch die Tore! Bereitet dem Volk den Weg! Machet Bahn, machet Bahn, räumt die Steine hinweg! Richtet ein Zeichen auf für die Völker! Siehe, der HERR lässt es hören bis an die Enden der Erde: Sagt der Tochter Zion: Siehe, dein Heil kommt! Siehe, was er gewann, ist bei ihm, und was er sich erwarb, geht vor ihm her! Man wird sie nennen »Heiliges Volk«, »Erlöste des HERRN«, und dich wird man nennen »Gesuchte« und »Nicht mehr verlassene Stadt«.“

Wenn man heute nach Jerusalem kommt, dann kommt man in eine moderne und zugleich in eine sehr alte, ja uralte Stadt. Moderne Häuserblocks gehen über in mittelalterliche, in antike Bauwerke. Hier ist alles nebeneinander. Ebenso nebeneinander wie die Menschen aller Hautfarben aus aller Welt. Das Stimmengewirr aus europäischen, orientalischen und afrikanischen Sprachen. Ebenso wie das nebeneinander der Religionen, für die Jerusalem eine so ganz außergewöhnliche Bedeutung hat: die Juden, orthodoxe wie liberale, die beständig an der Westmauer des Tempelbergs beten und in den zahlreichen Synagogen und Bibelschulen die Tora, Gottes Wort, studieren.

Die Muslime, die ganz strenggläubigen und die weniger strengen. Alle auf dem Tempelberg, wenn der Muezzin zum Gebet ruft.

Und die ganze christliche Ökumene: die römischen Katholiken, die griechischen und die orientalischen Orthodoxen, die Lutherischen und die Reformierten, die Anglikaner, Baptisten, Methodisten und und und. Aus aller Herren Länder kommen sie nach Jerusalem. Beten und Singen in der Anastasis, der Auferstehungskirche. Meist wird sie Grabeskirche genannt, beherbergt sie doch das leere Grab unseres Herrn.

In Jerusalem wacht man mit dem Ruf des Muezzins auf, wird vom orthodoxen Glockenspiel oder der lutherischen Erlöserkirchenglocke durch den Tag geleitet und hört am großen Versöhnungstag das Schofarhorn am Tempelberg.

Meistens geht das gut, das Miteinander, immer wieder auch nicht. Jerusalem ist auch eine Stadt des Eifers. Da will jeder seinen Anspruch durchsetzen.

In Jerusalem bleibt man nie in der Gegenwart. In dieser Stadt führen alle Wege in die Vergangenheit. Das lässt sich fast wörtlich verstehen, wenn man in die archäologisch ergrabenen tiefen Schichten der Stadt vordringt.

Hier begegnet man den osmanischen Beamten der hohen Pforte ebenso wie den islamischen Kriegern der Omajaden, die das byzantinische Jerusalem eroberten.

Wir begegnen den europäischen Kreuzrittern, die in blutiger Schlacht die Heilige Stadt den Muslimen entrissen, und wir begegnen den römischen Soldaten der 10. Legion, die im Jahre 70 den herodianischen Tempel in Schutt und Asche legten. So wie fast 650 Jahre zuvor die Babylonier es getan hatten mit Salomos Tempel. Und schließlich ganz tief in der Geschichte begegnen wir dem jungen Krieger David, der die Stadt erobert und die Lade Gottes mit seiner Weisung, „dem Gesetz“, in die Friedensstadt bringt. Israels Gott nimmt Wohnung auf dem

Zionsberg, von dem seine Herrlichkeit für alle Zeit der Welt nicht mehr weichen wird.

Hier in der Tiefe der Geschichte liegen die Wurzeln der spirituellen, der geistlichen Bedeutung Jerusalems. Hier liegt der Grund, weshalb Jerusalem durch die Jahrhunderte hindurch so sehr vom religiösen Glauben geprägt ist. Unser Gott, der Gott Israels, hat sich die Stadt als Ort seiner Gegenwart erwählt. Dazu bedarf es keines steinernen Tempels. Der Gott, der sich nicht ansehen lässt, der Gott, der allein in seinem Wort wirkt, lässt sich nicht in Räume einschließen. Sie sind für die Menschen da, weil sie der heiligen Räume bedürfen für ihren Glauben. Menschen leben in Räumen, die sie zum Leben brauchen. Gott ist jenseits von Raum und Zeit, aber er gewährt uns Ort und Raum, um ihm zu begegnen.

So durchbricht der Auferstandene die Mauern des Grabes in Jerusalem, die ihn nicht halten können, und er schreitet durch die Mauer des verschlossenen Raumes, um sich seinen verzagten Jüngern zu zeigen. Diese Gegenwart des Heiligen in seiner erwählten Stadt fordert der Prophet Jesaja ein: „O Jerusalem, ich habe Wächter über deine Mauern bestellt, die den ganzen Tag und die ganze Nacht nicht mehr schweigen sollen. Die ihr den Herrn erinnern sollt, ohne euch Ruhe zu gönnen, lasst ihm keine Ruhe, bis er Jerusalem wieder aufrichte und es setze zum Lobpreis auf Erden!". In der zerstörten Stadt soll endlich wieder Gott sich als gegenwärtig erweisen. Immer wieder sprach ja so viel gegen die Gegenwart des Ewigen. Es war so viel Zerstörung da, so viele geistliche Trümmer, so viel mehr Streit als Eintracht bis heute, dass man nur zu gern in den dringlichen Ruf des Propheten einstimmen möchte.

Aber der Prophet weiß auch: das ist nicht alles, was da vor Augen liegt. Das was jetzt ist, ist nicht die Erfüllung der Stadt. Da steht so unendlich mehr aus, als dass wir einfach Ruhe geben könnten. Diese Stadt hat doch eine Verheißung, die über Zeit und Raum hinausgeht.

Und da weitet sich tief aus der Vergangenheit die Hoffnung über alle Zeit, über alle Endlichkeit hinaus. Jerusalem hat eine Zukunft wie keine andere Stadt der Welt. Denn in Jerusalem wird Israels Gott ganz gegenwärtig sein, inmitten der Völker. Zum Zion werden sie pilgern und mit ihm zu Tische sitzen. Nie mehr wird die Stadt verlassen sein, sondern voll des ewigen Lebens. Nur in Bildern der unvollkommenen Gegenwart lässt sich über diese Zukunft ganz jenseits unserer Erfahrung reden. Für uns Christen ist das Gottes Reich, es ist das himmlische Jerusalem, das der Seher Johannes beschreibt: *„Und ich sah die heilige Stadt, das neue Jerusalem, von Gott aus dem Himmel herabkommen, bereitet wie eine geschmückte Braut für ihrem Mann. Und ich hörte eine große Stimme von dem Thron her, die Sprach: Siehe da, die Hütte Gottes bei den Menschen! Und er wird bei ihnen wohnen, und sie werden sein Volk sein, und er selbst, Gott mit ihnen, wird ihr Gott sein; und Gott wird abwischen alle Tränen von ihren Augen, und der Tod wird nicht mehr sein; denn das erste ist vergangen."*

Es ist eben Jerusalem. Unsere Hoffnung auf eine neue Welt, eine neue Schöpfung ohne Leid und Tod verbindet sich mit dem Namen dieser Stadt. Vielleicht muss man in diese Stadt gehen, um schon jetzt eine Ahnung davon zu bekommen, was ihr durch all die Unvollkommenheiten der Gegenwart hindurch verheißen ist: „Siehe, der Herr lässt es hören bis an die Enden der Erde: Saget der Tochter Zion: Siehe, dein Heil kommt! ... Man wird sie nennen Heiliges Volk, Erlöste des Herrn, und dich wird man nennen Gesuchte und Nicht mehr verlassene Stadt." (V. 11.12), um dann in den Lobpreis der Pilger einzustimmen ... (Psalm 122):

„Ich freue mich über die, die mir sagten:
Lasset uns ziehen zum Hause des HERRN!
Nun stehen unsere Füße in deinen Toren,
Jerusalem.
Jerusalem ist gebaut als eine Stadt,
in der man zusammen kommen soll,

wohin die Stämme hinaufziehen,
die Stämme des HERRN,
wie es geboten ist dem Volke Israel,
zu preisen den Namen des HERR
Denn dort stehen die Throne zum Gericht,
die Throne des Hauses David.
Wünschet Jerusalem Glück !
Es möge wohl gehen denen, die dich lieben !
Es möge Friede sein in deinen Mauern
und Glück in deinen Palästen !
Um meiner Brüder und Freunde willen
will ich dir Frieden wünschen.
Um des Hauses des HERRN willen, unseres Gottes,
will ich dein Bestes suchen."

Bessert euer Leben und euer Tun!

Jeremia 7,1-11

Der Tempel in Jerusalem oder besser: *die* Tempel in Jerusalem müssen eine ganz besondere Faszination auf die Menschen des alten Israels ausgeübt haben. Nicht, dass sie so besonders prächtig gewesen wären. Sie waren im Gegenteil eher bescheidenere Heiligtümer, wenn man sie mit den prachtvollen Tempelanlagen in Ägypten, in Luxor etwa, oder mit der Akropolis in Athen vergleicht. Von diesen Anlagen, auch wenn sie nur noch Ruinen sind, von diesen Anlagen sind ja noch heutige Besucher zutiefst beeindruckt. Nein, Israels Tempel hatten nicht dieses imposante Format und im Inneren waren sie sogar spröde und schlicht, jedenfalls soweit wir das sagen können. Vor allem fehlte ihnen natürlich die prächtige Götterstatue, die die Tempel der antiken Welt schmückten. Israels Tempel dagegen waren die Tempel des unsichtbaren Gottes, von dem ein Bild zu machen dem Volke streng verboten war. Das Allerheiligste, der Raum, in dem Gottes Gegenwart geglaubt wurde und den nur der Hohepriester einmal im Jahr am Versöhnungstag betreten durfte, dieses Allerheiligste war leer. Aber hierin wiederum lag nun gerade die Faszination, die die Tempel auf die Gläubigen in Israel ausübten. Natürlich war Gott, der Schöpfer der Welt, sozusagen in seiner ganzen Schöpfung gegenwärtig; natürlich war er allgegenwärtig: der Hüter Israels schläft und schlummert nicht – und hatte er nicht das Volk auf all seinen gefährlichen Wanderungen durch Not und Gefahr begleitet? – aber hier in Jerusalem, hier im Tempel war seine Gegenwart in einer Dichte und Nähe zu erfahren, wie sonst nirgendwo im Lande Israel oder an jedem Ort des geschaffenen Erdkreises. Nur hier im Tempel, im Allerheiligsten, reichten Gottes Fußspitzen gleichsam bis auf den Erdboden. Es muss von diesem Ort für die Menschen das Gefühl ausgegangen sein, mit dem Heiligen, mit dem, was nicht zu unserer Wirklichkeit gehört, in Berührung zu kommen. Das nahmen sie ganz ernst. Hier endete jede Beliebigkeit, hier herrschte letzte Verbindlichkeit, hier war Anbetung das allein angemessene Verhalten. Der Tempel: ein Bethaus. Im Tempel setzte man sich ganz Gott aus, begegnete Gott in einmaliger Weise. Das war faszinierend, bezaubernd. Und selbst nach der Zerstörung des letzten Tempels ist für die Juden diese Faszination erhalten geblieben bis heute. Sie betreten nicht den Tempelplatz, um nicht versehentlich den Boden des Allerheiligsten zu berühren. Und sie beten an der unzerstörten Westmauer des Tempelbergs, der sogenannten Klagemauer, in dem festen Glauben, dass Gottes Gegenwart von diesem Ort nie gewichen sei. Wenn das moderne Israel über Ostjerusalem nicht mit den Palästinensern verhandeln wird, dann genau aus diesem Grunde: der Tempelberg kann nicht zum Verhandlungsgegenstand werden, weil er eine so überragende Bedeutung für den Glauben Israels hat. Hier sind Politik und Religion unauflöslich miteinander verbunden. Gott und Welt treten hier in eine unauflösliche Verbindung, die sich nicht auseinanderreißen lässt und das seit Jahrtausenden. Hier im Tempel wurde und wird Israels Leid und Israels Hoffnung in unvergleichlicher Weise anschaubar. Hier im Tempel entschied sich einst das Geschick des Jesus aus Nazareth, dem Messias, also des Gesalbten Gottes. Das Haus Gottes, seines Vaters, war ihm heilig. Hier lehrte er, hier trieb er die Geldwechsler aus, denn sie hatten den Tempel zu einer Räuberhöhle gemacht. Hier zog er sich den Zorn der Mächtigen zu, die ihre Kreise und Geschäfte gestört sahen. Im Schatten des Tempels wurde er gerichtet und im Angesicht des Gotteshauses starb er am Kreuz auf der Schädelstätte. In der Stunde seines Todes zerriss der Vorhang des Allerheiligsten. Das Kreuz und der Tempel, Gott und Jesus verbinden sich hier unlösbar. Und auch dabei war es die Politik, die eingebunden war in das Geschehen: Getriebene und Treibende zugleich.

So war das schon zur Zeit des ersten Tempels, den der König Salomo hatte erbauen lassen und in dem die großen Propheten auftraten, um Gottes Gericht seinem Volk anzukündigen, denn von Zion geht Weisung aus. Das mahnende Gerichtswort im Tempel. Wo sonst wäre es besser zu hören gewesen? Wo wäre es anstößiger gewesen als hier am Ort des Heils? Und eben deshalb erschallt es hier. Es kommt aus dem Munde Jeremias, des Priestersohnes aus Anatoth und es ist uns im Jeremiabuch im 7. Kapitel in den Versen 1-11 überliefert worden

„Dies ist das Wort, das vom HERRN geschah zu Jeremia: Tritt ins Tor am Hause des HERRN und predige dort dies Wort und sprich: Höret des HERRN Wort, ihr alle von Juda, die ihr zu diesen Toren eingeht, den HERRN anzubeten! So spricht der HERR Zebaoth, der Gott Israels: Bessert euer Leben und euer Tun, so will ich bei euch wohnen an diesem Ort. Verlasst euch nicht auf Lügenworte, wenn sie sagen: Hier ist des HERRN Tempel, hier ist des HERRN Tempel, hier ist des HERRN Tempel! Sondern bessert euer Leben und euer Tun, dass ihr recht handelt einer gegen den andern und keine Gewalt übt gegen Fremdlinge, Waisen und Witwen und nicht unschuldiges Blut vergießt an diesem Ort und nicht andern Göttern nachlauft zu eurem eigenen Schaden, so will ich immer und ewig bei euch wohnen an diesem Ort, in dem Lande, das ich euren Vätern gegeben habe. Aber nun verlasst ihr euch auf Lügenworte, die zu nichts nütze sind. Ihr seid Diebe, Mörder, Ehebrecher und Meineidige und opfert dem Baal und lauft fremden Göttern nach, die ihr nicht kennt. Und dann kommt ihr und tretet vor mich in diesem Hause, das nach meinem Namen genannt ist, und sprecht: Wir sind geborgen, – und tut weiter solche Gräuel. Haltet ihr denn dies Haus, das nach meinem Namen genannt ist, für eine Räuberhöhle? Siehe, ich sehe es wohl, spricht der HERR."

Da, wo alle Gläubigen sich zum Gebet einfanden im Tor des Tempels, da stellt sich der Prophet hin und liest ihnen sozusagen die Leviten. Und er tut dies nicht aus eigener Vollmacht, sondern weil Gottes Wort zu ihm geschehen war. Gottes Wort hatte sich ihm gegenüber ereignet und er hatte es auszurichten, denn es war ja das Wort des Hausherrn, so kann man sagen. Die Propheten Israels waren die von Gott dazu berufe-

nen Menschen, sein Wort zu sprechen, es dem Volk zu sagen, ob dieses Volk es nun hören wollte oder nicht. Ein leichtes Amt war das gewiss nicht, und es hat auch kaum öffentliche Anerkennung eingebracht, denn meistens wollte das Volk vermutlich diese Worte lieber nicht hören. Wer lässt sich schon gern schelten, zumal an einem Ort, an dem man Trost und Zuversicht erwartet. Aber nein; dieser Ort ist der Ort, an dem Gottes Gedanken über die Menschen, über sein Volk Israel offenbar werden sollen. Hier im Angesicht der Gegenwart Gottes soll sich niemand über ihn täuschen: Gott ist wahrhaftig.
Er lässt in seinem Wort keinen Zweifel daran, dass ihm die Gebete und alles Räucherwerk, das es damals gab, dass ihm das alles nichts wert ist, wenn das Leben der Tempelpilger nicht seinen Geboten entspricht. Denn um die geht es hier: Du sollst nicht töten; du sollst nicht stehlen; du sollst nicht ehebrechen; du sollst den Namen deines Gottes nicht missbrauchen; ich bin der Herr, dein Gott. Aber das wurde offensichtlich nicht beachtet. Dem Baal brachte man Opfer dar. Man log und stahl und tötete und zerstörte Ehen. Und doch meinte man, im Tempel mit Gott Frieden zu haben. Die Gebete sollten richten, was man im täglichen Leben missachtete. Das nahm Gott nicht hin und ließ es die Beter wissen. Und die Worte der Heilspropheten, die alles schönredeten, die die Wahrheit vertuschten und die den Menschen falsche Sicherheiten vorgaukelten, die entlarvt er als Lügenworte, die zu nichts nütze sind. Die Armen ließ man links liegen oder tat ihnen Gewalt an. Witwen und Waisen – sie stehen in der Bibel für arme Menschen überhaupt. Und die Fremdlinge, auf die man meinte herabsehen zu können, wenn nicht Schlimmeres. Nein: „Sondern bessert euer Leben und euer Tun, dass ihr recht handelt einer gegen den andern.“ Für den Glauben an den Gott Israels gibt es keine Trennung zwischen Gottesdienst und Leben. Das Beten und das Tun müssen einander entsprechen. Und das Tun ist nicht beliebig, liebe Gemeinde. Gott selbst hatte seinem Volk klare Weisungen gegeben und das Bundesverhältnis zwischen ihm und seinem Volk ruhte auf diesen Weisungen. Jede Verletzung der Gebote musste das Bundesverhältnis stö-

ren. Da konnten alle Gebete im Tempel nichts helfen. Das hatte der Prophet in Gottes Auftrag den Betern auszurichten. Ob sie´s ihm gedankt haben? Die Zerstörung des Tempels im folgenden Krieg mit den Babyloniern haben die Worte des Propheten nicht verhindert. Und Israel hat dieses furchtbare Ereignis später als Gerichtshandeln seines Gottes gedeutet. Politisches Geschehen und Gottes Handeln: hier im Tempel geht es zusammen, lässt sich nicht voneinander trennen. Dieses: „Hier ist des Herrn Tempel, hier ist des Herrn Tempel, hier ist des Herrn Tempel!" – es war eine falsche Geborgenheit und Sicherheit, die damit ausgedrückt wurde. Eine Sicherheit, die der Sturm der Ereignisse weggefegt hat. Gott hat sich als der erwiesen, der er sein wird: nicht festlegbar von Menschen, die sich in den Mauern seines Hauses so sicher fühlten, dass sie meinten, seine Weisungen missachten zu dürfen. Gott wollte und will es anders. Er hat es den Jeremia sagen lassen, unüberhörbar, in den Toren des heiligen Ortes. Lange ist das her, liebe Gemeinde, so um die zweieinhalbtausend Jahre. Von ferne klingt dieses Wort heute an unser Ohr und wir werden uns fragen müssen, was es uns angeht, dieses Prophetenwort.
Uns, die wir keinen Tempel haben, in dem wir uns geborgen fühlen dürften; für die die Prophetenworte Geschichte sind oder nicht? Gehen uns die Worte nichts mehr an, weil wir mit jenen Tempelbesuchern von einst nichts zu tun haben, weil wir doch keine Armen bedrücken und nicht gewalttätig gegen Fremde sind? Weil wir nicht lügen und Meineide schwören? Weil wir nicht stehlen und Ehen zerstören? Und weil wir schon gar nicht falschen Götzen unser Opfer darbringen? Wäre Jeremias Wort also an uns vorbeigesagt? Aber warum wird es uns dann gesagt, heute, an dem Tag, an dem wir unseres Verhältnisses zum Volk Israel so besonders gedenken sollen?
Wir sind ja nun eben durch den Gottessohn Jesus von Nazareth, durch sein Sterben und seine Auferstehung in die Geschichte des Volkes Israel mit hineingenommen. Durch sein Evangelium ist Gottes Heil auch uns eröffnet worden. Durch ihn hoffen wir mit Israel auf das Kommen Gottes und seine neue Welt, in der Gerechtigkeit wohnt und der Tod nicht mehr

sein wird; und durch ihn dürfen wir die Heilige Schrift Israels auch als unsere Heilige Schrift ansehen, dürfen sie hören und so von jenem Propheten Jeremia aus ferner Zeit uns ansprechen lassen. Denn sein Wort ist doch deshalb überliefert worden, weil es nicht nur damals, zur Zeit des ersten Tempels, von Bedeutung war. Nein, es ist durch die Zeiten weitergegeben worden, weil es immer wieder für die Menschen, die an Gott glaubten, bedeutsam werden sollte. Was also kann uns Jeremias Wort bedeuten?

Einmal kann es uns zeigen, dass Glauben und Leben, Beten und Handeln unlösbar zusammengehören. Hier dürfen wir keine falschen Trennungen vollziehen, sozusagen Sonntag und Montag auseinanderreißen. Gottesdienst im Alltag wäre dafür das angemessene Wort. Gerade in unserem alltäglichen Leben kommt es darauf an, unseren Glauben zu bewähren, indem wir tun, was Gott uns geboten hat. Das ist nicht immer schwer, aber es ist auch keineswegs immer leicht. Gerade unsere Zeit möchte sich ja so gern freimachen von verbindlichen Vorgaben und selbst bestimmen, was gut und richtig ist. Meistens misslingt das. Und immer da, wo Gottes Gebot bewusst missachtet wurde und wird, da ergreift die Unmenschlichkeit sehr rasch die Macht. Wir Deutschen haben da unsere besonderen und schlimmen Erfahrungen und die vor allem im Verhältnis zum Volk der Juden. Und doch denke ich, dass es bei uns Christen ein großes Bewusstsein dafür gibt, dass unser Glaube gelebt sein will. Gewiss, wir haben unsere Schwächen und versagen immer wieder, aber wer es mit seinem Glauben ernst meint, der fragt doch stets, ob denn sein Tun mit Gottes Willen zu vereinbaren ist. Und die vielen diakonischen Einrichtungen zeigen, dass der tätige Glaube nicht nur frommer Wunsch ist, sondern alltäglich sichtbar wird. Nein, ich denke, das Wort Jeremias müssen wir heute viel stärker in die andere Richtung hören. Fehlt uns nicht zunehmend dieser heilige Ort, an dem wir in besonderer Weise Gott begegnen können, an dem wir sozusagen Gottes Fußspitzen spüren können? Ich denke, wir Menschen brauchen solche Orte, die uns faszinieren, bezaubern können, an denen wir spüren, dass es jenseits

unserer Wirklichkeit noch eine ganz andere gibt, auf die hin wir leben, die uns freimacht von der ausschließlichen Gefangenschaft im Hier und Jetzt. Für uns Christen kann dies nicht mehr der Tempel sein wie einstmals für das Volk Israel, gewiss. Aber vielleicht können es unsere Kirchen und mehr noch unsere Gottesdienste sein? Begegnen wir in ihnen Gott, begegnen wir unserem Herrn in unseren Kirchen?
Jeremias Wort heute gehört, könnte bedeuten, dass in jedem Gottesdienst, den wir feiern, jene Worte Teerstegens in uns klingen: „Gott ist gegenwärtig. Lasset uns anbeten und in Ehrfurcht vor ihn treten. Gott ist in der Mitten. Alles in uns schweige und sich innigst vor ihm beuge."

Umkehr fällt so unendlich schwer

Jeremia 8,4-8

„Sprich zu ihnen: So spricht der HERR: Wo ist jemand, wenn er fällt, der nicht gern wieder aufstünde? Wo ist jemand, wenn er irregeht, der nicht gern wieder zurechtkäme? Warum will denn dies Volk zu Jerusalem irregehen für und für? Sie halten so fest am falschen Gottesdienst, dass sie nicht umkehren wollen. Ich sehe und höre, dass sie nicht die Wahrheit reden. Es gibt niemand, dem seine Bosheit leid wäre und der spräche: Was hab ich doch getan! Sie laufen alle ihren Lauf wie ein Hengst, der in der Schlacht dahinstürmt. Der Storch unter dem Himmel weiß seine Zeit, Turteltaube, Kranich und Schwalbe halten die Zeit ein, in der sie wiederkommen sollen; aber mein Volk will das Recht des HERRN nicht wissen. Wie könnt ihr sagen: »Wir sind weise und haben das Gesetz des HERRN bei uns«? Ist's doch lauter Lüge, was die Schreiber daraus machen."

Eigentlich ist das doch ganz einfach: man stolpert, fällt hin und steht natürlich wieder auf. Wer bliebe denn auf dem Boden sitzen oder liegen. Obwohl: auch das gibt´s. Ich habe es selbst erlebt: ein Mann war mit einem Auto zusammengestoßen. Es war nicht viel passiert, weil das Auto aus einem Parkplatz sehr langsam rückwärts herausgefahren war und dabei den Mann wohl übersehen hatte. Der Mann saß nun auf der Straße und schimpfte lautstark. Er wolle sitzen bleiben, bis die Polizei kommt. Damit wies er jede Hilfe ab ihm aufzuhelfen. Aber na ja, die Regel ist das ja nicht. Eigentlich steht man schnell wieder auf, wenn´s geht.

Und wer sich beim Wandern verlaufen hat und das bemerkt, der wird die Pfadfinderregel beachten und – wenn´s gar nicht anders geht – zum Ausgangspunkt zurückkehren. Mindestens ist man dann wieder beim Wanderparkplatz, wo das Auto wartet, mit dem man heimkehren kann. Dann mag man sich wohl ärgern, dass man den schönen Wanderweg nicht zu Ende gehen konnte, aber wenigstens ist man wieder zu Hause.

Ganz einfach ist das doch, sollte man meinen. Und doch: mit dieser Umkehr der Bewegungsrichtung tun sich Menschen dann schwer, wenn es um ihr Verhalten geht. So beschreibt es ja nicht nur der Prophet Jeremia, so können wir es ja allenthalben und immer wieder erleben. Und das in ganz verschiedenen Zusammenhängen.

Da ist der bekannte Sportler, dem man den Gebrauch von Dopingmitteln nachweist und der doch steif und fest behauptet, er habe so was natürlich nicht genommen. Das müsse alles ein Irrtum sein.

Da ließen sich jetzt noch jede Menge andere Beispiele nennen. Man muss ja nur die Nachrichten im Fernsehen anschauen oder Zeitung lesen. Und bei jeder Olympiade lassen sich solche Unschuldslämmer finden. Die sind zwar gestolpert und gefallen aber anstatt wieder aufzustehen, leugnen sie einfach gestürzt zu sein. So kommen sie allerdings nie wieder auf die Beine.

Wenn Diktaturen fallen, dann wollen alle die, die sich etwas haben zu Schulden kommen lassen, die wollen am liebsten davon gar nichts mehr wissen. In jeder Diktatur machen sich viele Menschen schuldig, weil eine Diktatur immer Täter und Opfer hat. Das ist zwangsläufig so, weil sie ein Zwangssystem ist. Aber eben: Täter will dann später keiner mehr gewesen sein.

Als der zweite Weltkrieg zu Ende gegangen war mit unendlich vielen Toten und den Millionen Opfern des Rassenwahns der erbarmungslosen Nazidiktatur, da erklärten sich die, die sich dafür schließlich vor einem internationalen Gericht verantworten mussten, fast alle für nicht schuldig. Sie seien ja schließlich auf dem rechten Weg gewesen, auch wenn dieser Weg über Leichenberge ging.

Einsicht und Umkehr fällt uns Menschen so unendlich schwer, obwohl es doch so einfach wäre. Wie Jeremia es mit seinen kurzen Beispielen zeigt. Aber so sind wir Menschen wohl nicht gestrickt. Einmal eingeschlagene Wege verlassen wir nicht so schnell und selbst Wege, die ins Verderben führen, bringen uns nicht zur Umkehr. Vielmehr rennen wir auch auf dem Irrweg weiter wie Pferde, die sich in die Schlacht stürzen. So sagt es der Prophet. Das ist das eigentlich Erschreckende. Nicht das wir etwas falsch machen ist schlimm, sondern dass wir vom Falschen nicht ablassen, ja es bisweilen gar nicht erkennen, anerkennen, das ist bedrückend und verstörend. Das ist bedrückend und verstörend, weil wir es anders wissen können. Es ist ja nicht so, dass uns nicht gesagt würde, wohin falsche Wege führen können.

So wie damals vor über zweieinhalbtausend Jahren der Prophet Jeremia in Jerusalem aufgetreten ist und in politisch brisanter Lage die Menschen zur Umkehr bewegen wollte, damit sie den Weg verlassen, der sie ins Verderben führt, so wurden und werden ja auch uns immer die Folgen vor Augen gestellt, die uns drohen, wenn wir einfach so weiter machen. Heute sind das selten einzelne Propheten, oft sind es ganz abstrakte Mitteilungen, die uns warnen wollen, aber auch denen geht´s nicht selten wie einst dem Propheten, den keiner hören wollte, bis alles in Trümmern lag. Bis eingetreten war, was der Prophet schmerzlich verkünden musste: „Die Menschen, die ich übriglassen muss von dieser bösen Generation, spricht der Herr, werde ich überallhin vertreiben, und an jedem Ort werden sie lieber sterben wollen als leben."

Deswegen redet Gott durch den Mund des Propheten so erstaunt: „Sie haben ihren Irrtum nicht erkannt. Niemand bereut seine Schlechtigkeit. Niemand fragt: Was habe ich getan?" Das lässt Gott ratlos scheinen. Was hat er nicht alles für die Menschen getan, die er sich zu seinem Ebenbild erschaffen hat. Er hat ihnen eine Welt geschaffen, in der sie als sein Gegenüber leben dürfen. Er hat seiner Schöpfung eine Ordnung gegeben, die dem Leben dient. So haben auch die Zugvögel ihre innere Uhr und ihren inneren Kompass, der sie jeweils zur rechten Zeit aufbrechen lässt und der sie ihren Ort finden lässt, sei es im Norden, sei es im Süden. Eine Ordnung, die einsichtig ist. Die Menschen können sie erkennen. Können auch erkennen, was ihnen zum Leben dient und was nicht. Und doch: „Ich habe genau gehört, was sie reden. Sie haben ihren Irrtum nicht erkannt." Gott hört und sieht genau hin. Seine Menschen sind ihm nicht egal. Er will ja ihr Bestes und muss doch immer wieder erkennen, dass sie genau das Gegenteil davon tun; dass sie sich selbst zum Schlechten wenden. Und ihr Reden geht dem Handeln voraus. Was im Irrtum geredet wird, spiegelt sich in der schlimmen Tat. Worte sind deshalb ernst, sehr ernst zu nehmen. Aus Worten können immer Taten werden. Es ist für Gott unfasslich, dass seine Menschen, denen er Ohren gegeben hat, damit sie seine Worte hören; denen er eine Zunge gegeben hat, damit sie ihm Antwort geben können, dass die ihre Ohren vor seinem Wort verschließen und mit ihrer Zunge Dinge reden, die Gott nicht gefallen können. Das hat er ja vom ersten Tag an feststellen müssen. Dem Adam und der Eva hatte er gesagt, was sie im Lebensgarten tun und lassen sollten und das hatten sie sehr wohl verstanden. Aber dann war die Verlockung des Verbotenen doch größer als die Einsicht in das Gebot Gottes. Der darauf von Gott angerufene Mensch streitet alles ab. Nein, er war es ja nicht. Das war die Frau, nein das war die Schlange. Und wie konnte man da nein sagen. Die hatte doch gesagt, dass gar nichts passiert, wenn man einfach nach dem Verbotenen greift. Wie hätte man da widerstehen sollen, und verantwortlich sei man deshalb eben nicht. So ist er, der Mensch, Gott zum Ebenbild geschaffen.

Erstaunlich, wie Gott das aushält. Erstaunlich, wie er seinem Geschöpf immer wieder nachgeht, sich um es sorgt. Aber wie er ihm auch die Freiheit lässt, sich gegen ihn zu entscheiden. Ja, eben diese Freiheit hat der Mensch. Diese Freiheit, in der er so gern lebt, die Freiheit, sogar ohne Gott zu leben, sogar ihn überhaupt bestreiten zu dürfen und dann andern Göttern nachzulaufen. „Warum bleibt Jerusalem bei seinen falschen Göttern und weigert sich, zu mir zurückzukehren?" So muss Gott durch den Mund des Propheten fragen. Das galt schon immer, auch wenn wir meinen, heute besonders schmerzlich diese Gottvergessenheit feststellen zu müssen. Wir würden uns über uns selbst betrügen, wenn wir meinten, das Verhältnis Gottes zu uns Menschen sei irgendwann einmal anders gewesen. Nein, da gibt es von Anbeginn eine große Beständigkeit: der suchende, sich zuwendende Gott auf der einen Seite und der sich verirrende und im Irrtum beharrende Mensch auf der anderen Seite. Der Gott, der das Leben will hier, und der dem Tode verfallene, ja der nur allzu oft dem Tode dienende Mensch da. So schon immer.

Das ist das Geheimnis der Heiligen Schriften, unserer Bibel. Warum ist denn all das überliefert worden, was wir da zu lesen bekommen? Wozu wurden die Worte des Jeremia bewahrt auch nachdem das angekündigte Unheil eingetreten war? Hätte nicht gelten müssen: Die Worte sind erfüllt. Sie haben sich erledigt!? Aber ganz anders: sie wurden aufbewahrt und weiter überliefert. Sie wurden immer wieder zu Gehör gebracht. Und so die vielen anderen Worte der Propheten, die Heil und Unheil angesagt haben. Worte, die einst bedrückend zu hören waren oder die so trostvoll in den Ohren der Hörer und Hörerinnen klangen, dass sie neue Hoffnung weckten. Aber immer Worte des einen Gottes, der seinen Menschen auch auf den abgründigsten Wegen nachgeht, auf denen sie sich verirrt haben. Worte, die an das Scheitern und die an neue Aufbrüche erinnern. Und wieder ans Scheitern. Die ganze Bibel ist durchzogen von diesen Worten und ihren Geschichten. Geschichten der Menschen mit Gott und vor allem Gottes Geschichte mit seinen Menschen. Es sind wahrhaftige Geschichten vom Menschen, Gott zum Ebenbild geschaffen, die keine Illusionen über ihn zulassen. Wer die Menschen aus der Bibel kennenlernt, die Menschen mit ihren hochtrabenden Ideen – bis in den Himmel wollten sie einen Turm bauen, sich selbst ein Denkmal setzen. Schaut wozu wir in der Lage sind! Sie können´s nicht lassen bis heute – und mit ihrem Leid und ihrer schier unendlichen Klage: „Hab Erbarmen, Herr, mir ist so elend! Heile mich, Herr, ich habe keine Kraft mehr in den Gliedern! Ich weiß keinen Ausweg mehr. Wie lange noch Herr?“ Ein Leiden, das bis heute kein Ende hat und oft ein Ausmaß, das kaum mehr zu fassen ist. Wer so die Menschen kennen lernt, weiß wer das ist: der Mensch, dessen Gott gedenkt. Wie es der Psalmist sagt.

Es sind Geschichten, die den Menschen in seiner Größe und in seiner Abgründigkeit zeigen. Es sind Worte in der Bibel, die den Menschen bloßstellen und Worte, die bis heute ihre ganze Kraft bewahrt haben, die literarisches Erbe der ganzen Menschheit sind.

Gottes Geschichte mit uns Menschen: das ist die Geschichte des gegenwärtigen und des nur allzu oft verborgenen Gottes, des Gottes, der sein Angesicht abgewandt zu haben scheint. Dann gerät der Mensch in Anfechtung, wie Martin Luther das genannt hat. Anfechtung ist das Gefühl der vollkommenen Gottverlassenheit. Da ist nicht mehr der Gott, auf den man bauen kann, den man anrufen kann, ja mit dem man hadern, mit dem man auch zornig werden kann, weil sein Handeln so gar nicht mehr einsichtig ist.

Nein, da ist mit einem Mal die Erfahrung seiner vollständigen Abwesenheit. Gott ist nicht da. Nicht für mich, nicht für die anderen, nicht für die Welt. Für den Menschen eine zutiefst abgründige Erfahrung. Erfahrung von Leere und Verzweiflung. Keiner hat dieser Erfahrung mit seinem Schrei stärkeren Ausdruck gegeben als der gekreuzigte Gottessohn, der doch so inbrünstig den Vater gebeten hatte, dass er den Kelch des Leidens an ihm vorüber gehen lasse, so inbrünstig, dass sein Schweiß wie Blutstropfen auf die Erde fiel und der dann sein ganzes Leid und seine unendliche Verlassenheit am Kreuz herausschreit: „Mein Gott, mein Gott warum hast du mich verlassen?“

Auch das aufbewahrt in der heiligen Schrift. Keine Heldengeschichte. Geschichte eines Geschlagenen vielmehr, aber eine Menschengeschichte, wie sie wirklichkeitsnäher nicht sein könnte.

Und hier in der größten Gottverlassenheit die größte Gottesnähe zugleich. Mit dem von allen verlassenen Menschen identifiziert sich der ewige Gott und nimmt den Tod dieses Menschen in sein

Leben auf. Nun allen Menschen zum Heil und das einmal und für immer. Das Staunen Gottes über den abtrünnigen Menschen, der seine Schlechtigkeit nicht bereut und seinen Irrtum nicht erkennt, der selbst ins Verderben rennt wie die Pferde in die Schlacht, dieses Staunen Gottes wird zu der Liebe, die auch die größte Verderbnis aufzuheben vermag und die den verlorenen Menschen findet und hinein nimmt in die Gemeinschaft des ewigen Lebens.

Ein Bund: ins Herz geschrieben

Jeremia 31,31-34

"Siehe, es kommt die Zeit, spricht der Herr, da will ich mit dem Hause Israel und mit dem Hause Juda einen neuen Bund schließen, nicht wie der Bund gewesen ist, den ich mit den Vätern schloss, als ich sie bei der Hand nahm, um sie aus Ägyptenland zu führen, ein Bund, den sie nicht gehalten haben, ob ich gleich ihr Herr war, spricht der Herr; sondern das soll der Bund sein, den ich mit dem Hause Israel schließen will nach dieser Zeit, spricht der Herr: Ich will mein Gesetz in ihr Herz geben und in ihren Sinn schreiben, und sie sollen mein Volk sein, und ich will ihr Gott sein. Und es wird keiner den andern, noch ein Bruder den andern lehren und sagen: 'Erkenne den Herrn', sondern sie sollen mich alle erkennen, beide klein und groß, spricht der Herr; denn ich will ihnen ihre Missetat vergeben und ihrer Sünde nimmermehr gedenken."

Um einen Bund geht es dem Propheten, um einen *neuen* Bund, um einen ganz besonderen Bund und um diesen zu jener Zeit, die kommt. Also stand er noch aus in den Tagen des Jeremia. Es galt, auf diesen neuen Bund zu warten, den Gott schließen wird.

Und da ist noch von einem anderen Bund die Rede, der aber offensichtlich anders war als der neue sein wird. Bund ist überhaupt das Wort, das im Mittelpunkt der Worte des Jeremia steht, und deshalb müssen wir uns vor allem darüber klar werden, was es mit diesem so wichtigen Wort auf sich hat. Dies ist schon deshalb wichtig, weil in unseren Tagen ja mit dem Wort Bund so ganz bestimmte Vorstellungen verbunden sind, die möglicherweise mit dem, was Jeremia meint, gar nichts oder nur wenig zu tun haben. Wenn wir von Bund reden, dann kommt uns vielleicht der 'Bund des Lebens' in den Sinn, also die Eheschließung. Zwei Menschen haben sich gefunden und kommen überein, nunmehr gemeinsam ihr Leben zu verbringen und dies in unvergleichlich enger Lebensgemeinschaft. Alles wollen sie miteinander teilen und für einander da sein. Aber das geht nur, wenn beide diesem Bündnis zustimmen, sich freiwillig und von Herzen verbinden. Die Gegenseitigkeit ist wichtig in diesem Bund. Und das gilt auch für den Staatenbund, in dem Staaten gegenseitige Verpflichtungen eingehen, seien sie politischer oder wirtschaftlicher Art oder gar militärischer; dann spricht man auch von einem Bündnis. Es gibt den christlichen Pfadfinderbund und manch andere Bünde.

Wie gesagt: dabei geht es immer darum, dass verschiedene Partner sich auf bestimmte Gemeinsamkeiten einigen, zu denen sie sich verpflichten. Ist der Bund, von dem Jeremia spricht, auch solch ein Bund, solch ein Bund auf Gegenseitigkeit? Nein, das ist er nicht, und es ist wichtig, das festzuhalten, damit gar nicht erst ein falscher Eindruck entsteht. Zuerst einmal, sind die Bundespartner bei Jeremia sehr verschieden: "Ich will ... einen Bund schließen", spricht der Herr. Gott ist es, der einen Bund, eine Verbindung eingeht. Und Gott fragt die Bündnispartner gar nicht. Er geht nicht zu Juda und Israel, sein Volk also, er geht nicht zu ihm hin und sagt: "Wollen wir nicht einen Bund schließen, denn – das wäre vielleicht ein Grund - denn gemeinsam sind wir stärker?" Nein, der Bündnispartner wird gar nicht gefragt: "Ich will den Bund schließen", spricht der Herr. Was ist das für ein Bund, der da so einseitig begründet wird? Was war das für ein Bund, den Gott mit Israel schloss, als er es an der Hand aus Ägyptenland führte, wie Jeremia sagt? Das war eine Befreiungstat, die Gott selbst ausführte. Er führte sein Volk an der Hand aus dem Sklavenhaus am Nil, wo die Israeliten Zwangsarbeit leisten mussten. Gott ließ sie durch das Schilfmeer ziehen und die Ägypter in ihm versinken. Und diese Befreiung war ein Bündnis, ein Bündnis, in dem Gott seinem Volk Befreiung versprach und es zugleich als sein Volk in die Pflicht nahm. Israel hatte gar keine Wahl, weil Gott sich für sein Volk entschieden hatte: Ihr seid mein Volk und ich bin euer Gott. Gottes Erwählung - das ist sein Bund. Gott verbündet sich seinem Volk, indem er es erwählt. Gott verheißt seinem Volk Land als Lebensraum und gibt ihm seine Weisung mit in dieses Land, auf das es ihm dort wohl gehe.

Aber Israel, dieses in die Pflicht genommene Volk, vergisst seine Pflicht. Israel verleugnet den Bund, den Gott gestiftet hat, und geht wieder seine eigenen Wege. Diese Wege führen ins Unglück, wie es die Propheten, die Männer Gottes, wieder und wieder ankündigen. Israel hat sich gegen den lebensstiftenden Bund Gottes entschieden und verliert sein Leben im Land. Israel wird vertrieben so wie später Juda: die einen nach Assyrien, die anderen nach Babylon. Das steht dem Propheten Jeremia vor Augen, als er Gottes neue Verheißung zu verkünden hat: "Siehe, es kommt die Zeit, spricht der Herr, da will ich mit dem Hause Israel und mit dem Hause Juda einen neuen Bund schließen." Der Bundesgott lässt nicht ab von seinem Volk. Gott steht in Treue zu seinem erwählten Volk und verheißt ihm deshalb einen *neuen* Bund. Das neue an diesem Bund ist nicht, dass Gott den Inhalt des Bundes neu bestimmt. Nein, da ändert sich eigentlich nichts. Gott wird seinem Volk Weisung geben, und zwar Weisung zum Leben. Aber auf Seiten Israels wird sich etwas ändern bei diesem neuen Bund. Die Weisung Gottes wird Israel ins Herz geschrieben und damit wird es Israel unmöglich, aufs Neue bundesvergessen zu werden. Gott selbst wird sich seinem Volk ins Innerste einschreiben nach dieser Zeit. Das Herz nämlich - und hier haben wir wieder ein ganz wichtiges Wort im Munde des Propheten - das Herz nämlich ist für den Israeliten weit mehr als für uns. Für uns ist das der Herzmuskel, der unseren Blutkeislauf reguliert, der operiert und zur Not ausgetauscht werden kann. Und außerdem scheint er noch unser Gefühl zu bestimmen. Man hat ein Herz für Kinder oder für Tiere oder für beide. Und wenn einem etwas aufs Gemüt geht, dann nimmt man es sich zu Herzen. Und natürlich hat das Herz etwas mit der Liebe zu tun. Herzen entbrennen füreinander. Herz und Schmerz, die reimen sich so gut in manchem Liebeslied. Auch für den Israeliten steht das Herz für das Gefühl: "Ein fröhliches Herz macht das Antlitz heiter, doch Herzenskummer schlägt den Lebensmut", so lehrt es die Weisheit. Aber das ist letztlich nur der kleinere Bereich, für den das Herz steht. Im Herzen hat das Begehren seinen Sitz aber viel mehr noch der Verstand, den wir heutzutage ja eher im Gehirn ansiedeln. In diesem Sinne kann das Herz dann direkt die Bedeutung von Geist annehmen: "Das Herz des Weisen macht seinen Mund klug", denn "des Klugen Herz sucht nach Erkenntnis". Ja, das Herz vermag Gottes Wort zu hören, weshalb der weise Salomo Gott nicht um ein langes Leben bittet, sondern um "ein hörendes Herz". Das Herz des Israeliten denkt und plant, es ist der Ort des Wollens und auch des Gehorsams. Das Herz ist zur Vernunft berufen, besonders aber zum Vernehmen des Gotteswortes. Dies alles ist gemeint, wenn Gott mit seinem neuen Bund seinem Volk seine Weisung ins Herz geben wird. Das heißt dann, liebe Gemeinde, dass Gottes Weisung, dass sein Wille nichts äußerliches mehr ist, nichts, das sozusagen von außen an die Menschen herantritt und dem sie sich dann auch entziehen oder verweigern können. Mit dem neuen Bund, den Gott stiften wird zwischen sich und seinem Volk, mit diesem Bund wird sein Wille den Menschen ins Herz geschrieben. Nun werden sie sein Wort von innen vernehmen, werden von ihm her denken und fühlen, werden seinen Willen tun und so Gottes Wort gehorsam sein. Dann gilt bedingungslos die Zusage Gottes: "Sie sollen mein Volk sein, und ich will ihr Gott sein." Nichts mehr wird zwischen ihnen stehen, denn ihnen, dem Volk, wird ihre Sünde vergeben sein. Und die Sünde ist es ja, die immer wieder die Gemeinschaft von Gott und Mensch stört. Das vor allem ist die Sünde, dass sie die lebensstiftende Gemeinschaft mit Gott aufhebt. Da, wo diese ungestörte Gemeinschaft mit Gott wirklich wird, da wird es auch zwischen den Menschen seines Volkes keine Unterschiede zwischen den Kleinen und den großen mehr geben, da wird nicht mehr einer den anderen belehren über den rechten Weg zu Gott, sondern Gott spricht in allen in gleicher Weise. Dieses Verheißungswort des Jeremia ist für das Volk Israel bis heute unerfüllte Verheißung, die erst im Kommen der Messiaswelt ihre Erfüllung finden wird. Aber mit dieser Verheißung der ins Herz geschriebenen Tora, der Gottesweisung, lebt Israel seither durch die Jahrhunderte.

Es waren auch Israeliten, Juden, die die Erfüllung schon gekommen sahen, als sie an jenem ersten Pfingstfest, dem jüdischen Wochenfest, die Kraft des heiligen Geistes in sich spürten. Als sie spürten, dass Gottes Geist sich in ihr Herz geschrieben hatte. Die Apostel des auferweckten Jesus, sie spürten mit einem Mal, dass sie von einer unbändigen Kraft von innen her angetrieben waren, einer Kraft, die sie auf den Weg brachte, das Neue zu verkünden, das da auf Golgatha und an Ostern geschehen war. Gottes Vergebung, von Jeremia verheißen, sie war geschehen. Gott hatte eine neue Gemeinschaft gestiftet in jenem unfasslichen Geschehen am Kreuz. Das Sinnlose und Furchtbare wandelte sich für die Apostel in jenes Ereignis, das in den Worten des Propheten aus fernen Tagen sich angekündigt hatte: "Sie sollen mein Volk sein, und ich will ihr Gott." Die Apostel erkannten in ihrem Herzen, dass damit noch viel mehr gemeint war als Israel allein. Gott hatte sich in seinem Christus allen Menschen zugewandt, die er sich so gnädig erwählte. Das war die gute Nachricht, die es aller Welt zu verkünden galt. Gottes Wille ist nun nicht mehr etwas Äußerliches, ein Gesetz vielleicht, das man erfüllen kann oder nicht. Nein, Gottes Geist hat angefangen in den Herzen der Menschen zu regieren. Er wird spürbar, erfahrbar. Gottes Wille zum Leben versetzt die Herzen von Menschen in Bewegung, sich ihm ganz zu öffnen. Und die Apostel begriffen, was mit dem neuen Bund gemeint war, den Jesus bei seinem letzten Mahl stiftete. Sie begriffen, das in diesem Mahl die immerwährende Gegenwart Jesu im Geiste erfahrbar bleibt und damit die Gottesgemeinschaft. Der neue Bund Gottes, den der Prophet in ferner Zeit angekündigt hat, der ist unter uns Wirklichkeit geworden. Wir als Christen sind in diesem Sinn eine Bundesgemeinschaft. Aber nun eben auch nicht auf freiwilliger Basis. Wir haben uns Gott nicht erwählt, sondern er hat uns in Christus Jesus erwählt und zu seinem Volk gemacht. Das unterscheidet uns von all denen, die sich ihren Gott gleichsam selbst aussuchen, wie das heute viele tun. Die schauen sozusagen mal in diesen religiösen Laden und mal in jenen und nehmen dann jeweils das, was ihnen gefällt und was vielleicht gerade günstig im Angebot ist. Das ist dann meist wieder schnell veraltet und abgetan. So ist das nicht mit dem Gott Israels, der uns seinen Geist geschenkt hat. Der nimmt uns in die Pflicht. Der geht uns nach und stellt uns stets aufs Neue in seine Spur, dass wir ihm nachfolgen. Dieser Gott fragt zuerst nach uns, weil wir ohne seine Frage gar nicht nach ihm fragen könnten. Dieser Gott ist der erwählende Gott und wir sind die Erwählten. Als solche werden wir dann unsere Erfahrungen mit ihm machen. Jeder und jede für sich und wir alle als seine Gemeinde. Ein Lied in unserem Gesangbuch fasst das so schön in Worte: Wir haben Gottes Spuren festgestellt auf unsern Menschenstraßen. Liebe Wärme in der kalten Welt, Hoffnung, die wir fast vergaßen. Zeichen und Wunder sahen wir geschehen in längst vergangenen Tagen, Gott wird auch unsere Wege gehen, uns durch das Leben tragen.

Printed by Books on Demand GmbH, Norderstedt / Germany